SERVICE
DE PLACE

Volume mis à jour à la date du 12 mai 1924.

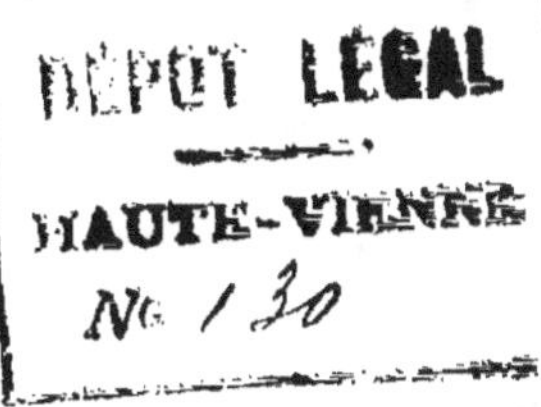

CHARLES-LAVAUZELLE & C{IE}

Éditeurs militaires

PARIS, Boulevard Saint-Germain, 124

LIMOGES, 62, Avenue Baudin | 53, Rue Stanislas, NANCY

SERVICE DE PLACE

Volume mis à jour à la date du **12 mai 1924**.

CHARLES-LAVAUZELLE & Cⁱᴱ
Éditeurs militaires
PARIS, Boulevard Saint-Germain, 124
LIMOGES, 62, Avenue Baudin | 53, Rue Stanislas, NANCY

SERVICE DE PLACE

PREMIÈRE PARTIE

DISPOSITIONS GÉNÉRALES

Rapport au Président de la République française.

Paris, le 1ᵉʳ octobre 1909.

Monsieur le Président,

Le décret du 4 octobre 1891 sur le service dans les places de guerre et les villes de garnison n'étant plus en harmonie avec l'état nouveau créé à l'armée par la loi de recrutement du 21 mars 1905, et ne concordant plus avec les règles édictées par les décrets des 16 juin et 5 octobre 1907 au sujet des honneurs et préséances, une commission, présidée par un officier général (1), a été chargée de procéder à la revision du décret du 4 octobre 1891 précité.

---

(1) Composition de la commission (réunie le 5 novembre 1907) :
MM. Silvestre, général de division commandant la 7ᵉ division d'infanterie, *Président.*

J'ai l'honneur de présenter à votre haute approbation, après l'avoir soumis au Conseil d'Etat, le travail de cette commission.

Le nouveau décret distingue nettement le service de garnison et le service de défense.

La première partie du règlement est consacrée aux dispositions relatives au service de garnison, qui s'appliquent à toutes les places en temps de paix, en temps de guerre, en temps de siège.

La deuxième partie du règlement est consacrée aux dispo-

BERNARD. lieutenant-colonel d'artillerie breveté, attaché au 1ᵉʳ bureau de l'état-major de l'armée, *Secrétaire*.

BECKER, capitaine d'infanterie breveté, de l'état-major particulier du Ministre de la guerre, *Secrétaire adjoint*.

FAUCON, lieutenant de vaisseau, officier d'ordonnance du Ministre de la marine, *Secrétaire adjoint*.

MEMBRES.

GUERRE.

M. DUBOIS, chef de bataillon d'infanterie, attaché au 2ᵉ bureau de la direction de l'infanterie.

MM. SANSON, chef d'escadron, attaché au cabinet du général directeur de la cavalerie.

RONNEAUX, chef d'escadron breveté de l'état-major particulier de l'artillerie, attaché au 1ᵉʳ bureau de la direction de l'artillerie.

HANOTEAU, lieutenant-colonel breveté du génie, attaché au cabinet du général directeur du génie.

COMTE, lieutenant-colonel d'infanterie coloniale, attaché à la direction des troupes coloniales.

MARINE.

M. BABEAU, capitaine de vaisseau, en service à Paris.

MM. DUBLED, commissaire principal de la marine, adjoint au directeur de la comptabilité au ministère de la marine.

DE MARGUERYE, capitaine de frégate, attaché à l'état-major général de la marine.

PREMIÈRE SOUS-COMMISSION.

Questions intéressant la Guerre et la Marine.

MM. BABEAU, capitaine de vaisseau.
COMTE, lieutenant-colonel.
BERNARD, lieutenant-colonel.
FAUCON, lieutenant de vaisseau.
BECKER, capitaine.

DEUXIÈME SOUS-COMMISSION.

Questions n'intéressant que la Guerre.

MM. BERNARD, lieutenant-colonel.
DUBOIS, commandant.
SANSON, commandant.
BECKER, capitaine.

M. BECKER, capitaine,
commissaire du gouvernement auprès du Conseil d'Etat.

sitions relatives au service de défense, qui ne s'appliquent qu'aux places de guerre en état de guerre et en état de siège.

Il importait que cette distinction entre deux services différents — et jusqu'à présent souvent confondus — fût clairement établie.

La première partie — service de garnison — se subdivise elle-même en six chapitres, dont quatre communs à toutes les garnisons (Organisation générale du Service. Exécution du Service. Police militaire. Honneurs et préséances), les deux autres s'appliquant seulement, le premier aux places de guerre, le deuxième aux places du littoral.

L'avantage d'une telle subdivision, au point de vue des commodités de l'instruction, est facile à découvrir : le règlement sur le service de garnison ne forme plus un bloc de prescriptions s'imposant à la mémoire de tous les gradés ; à la grande majorité d'entre eux, l'étude des quatre chapitres communs à toutes les places suffira, d'où gain de temps réalisé au cours de l'instruction en vue d'une meilleure préparation à la guerre.

La deuxième partie — service de défense — se subdivise naturellement en deux chapitres consacrés, l'un à l'état de guerre, l'autre à l'état de siège.

Dans ce cadre — logique puisqu'il répond aux besoins de l'instruction théorique et aux conditions de mise en pratique du service de place ; simple, puisqu'il a permis de substituer huit chapitres aux cinquante-deux chapitres du décret du 4 octobre 1891 — ne figurent que des dispositions utiles et en pleine harmonie avec les exigences de la nouvelle loi de recrutement.

D'abord tout formalisme inutile, toute pratique surannée ont été rigoureusement écartés du règlement ; il a semblé également qu'il y avait intérêt à développer chez les exécutants l'esprit de décision ; aussi le service de place définit-il simplement leur rôle d'une façon générale, leur laissant le soin, pour les nécessités d'exécution, soit d'agir de leur propre initiative, soit de se référer à des règlements particuliers.

Cette mise en jeu de l'initiative et de la responsabilité de chacun, jointe à la simplification des règles de service, constituent l'une des caractéristiques principales du décret qui vous est soumis.

La simplification des règles de service a entraîné des modifications profondes du décret du 4 octobre 1891 ; d'abord le nouveau règlement établit entre les prescriptions du service de place et celles du service en campagne une concordance aussi complète que possible. En particulier, il a paru qu'il y avait un intérêt capital à ne pas différencier le service des gardes du temps de paix et du temps de guerre et à adopter une terminologie identique pour les deux cas. Cette unification des règles du service des places et du service en campagne est demandée depuis longtemps par tous les officiers ; elle a l'avantage de faciliter l'instruction des cadres et de la troupe et de ne pas obliger l'homme à faire un effort inutile de mémoire.

Il a semblé également qu'il importait de faire du service de place en quelque sorte « le prolongement » de l'instruction de la troupe; aussi le nouveau règlement spécifie-t-il que les gradés chargés des rondes et des visites des postes sont pris dans l'unité qui fournit ces postes et que leurs rondes et visites se limitent à ces postes. Ainsi les chefs habituels de la troupe qui assure le service de garde sont-ils appelés, sous le contrôle du major de la garnison et du commandant d'armes, à s'assurer, après avoir instruit cette troupe, des conditions dans lesquelles elle met en pratique les règles apprises.

Dans un ordre d'idées analogue, la commission estime que la répression d'une faute commise doit être non seulement fonction de la faute elle-même mais encore des antécédents de celui qui la commet, et que dès lors il importe que le chef qui prononce la punition connaisse le militaire coupable ; le décret spécifie donc que toutes les infractions à la discipline générale constatées dans une garnison, que les fautes commises dans le service de place seront laissées à la répression des chefs sous les ordres desquels les militaires servent habituellement ; une exception est faite à cette règle en faveur du commandant d'armes qui a la responsabilité suprême de l'ordre et du bon fonctionnement du service dans la place et qui conserve en conséquence son droit de punition directe.

Il y a lieu de signaler encore deux modifications importantes aux règles de service jusqu'à présent en vigueur :

1° Le décret du 4 octobre 1891 distinguait deux tours de services collectifs : les services à l'intérieur et les services à l'extérieur. A cette distinction souvent arbitraire, ne tenant compte ni des fatigues supportées — un service à l'intérieur pouvant être très pénible — ni des responsabilités encourues — une unité pouvant échapper aux services les plus difficiles à assurer, grâce à l'alternance des services à l'intérieur et à l'extérieur, — le nouveau règlement substitue le classement des services collectifs en deux catégories : les services qui sont à assurer sur réquisition de l'autorité civile — services généralement pénibles et délicats — et tous les autres services collectifs en dehors du cas de réquisition. La création de ces deux tours de services collectifs répond à une idée de bonne équité ; les unités seront ainsi appelées à assurer les unes après les autres les services les plus difficiles pour lesquels un tour spécial est institué;

2° A l'ancienne règle des services contremandés censés faits — pour les services à l'intérieur, quand la troupe est sortie de sa caserne ; pour les services à l'extérieur, quand elle a franchi les limites de l'octroi ou est sortie de la place, — règle dont les conditions d'application étaient très inégales suivant les garnisons et qui ne tenait aucun compte des fatigues supportées ou des responsabilités encourues dans la période préparatoire à l'exécution du service, le nouveau règlement substitue cette prescription très sage et s'appropriant parfaitement aux circonstances :

« Lorsqu'un service, après avoir donné lieu à un déplacement, a été contremandé, le commandant d'armes décide, dans le plus bref délai possible, et après avis des chefs de corps et de services, s'il doit être considéré comme exécuté. »

La simplification des règles de service, la coordination des prescriptions du service de place avec celles du service en campagne et du règlement de manœuvres répond aux besoins qui découlent de l'adoption du service à court terme.

Il importait que le nouveau service des places tînt compte de la façon la plus absolue des conséquences de la loi de deux ans.

Aussi le règlement s'efforce-t-il de maintenir intacts les effectifs du contingent armé : il spécifie que c'est dans le service auxiliaire que doivent être pris les employés des bureaux de places ainsi que les travailleurs mis à la disposition des différentes armes et des différents services. Le décret prescrit également de la façon la plus formelle — afin de permettre au commandement d'assurer la préparation à la guerre dans les meilleures conditions possibles — que le service de place doit être réduit au strict minimum, de manière à ne pas entraver la marche de l'instruction et à ne distraire de l'exercice principal de la journée aucun officier ou homme de troupe à moins de nécessité absolue.

Enfin, dans le même ordre d'idées, la commission s'est inspirée des nécessités formulées dans le rapport qui vous a été adressé le 16 juin 1907 par le Président du Conseil, Ministre de l'intérieur, à l'appui du décret sur les honneurs et préséances :

« La simplification des honneurs militaires consistant dans des déploiements de troupes m'a paru plus nécessaire que jamais au lendemain de la promulgation de la loi de deux ans et de la réduction des effectifs, en raison de la nécessité de rendre plus intensive qu'auparavant l'instruction des hommes dans l'intérêt de la défense nationale. J'ai pensé que le régime républicain, dans lequel l'armée se confond avec la nation, n'aura rien perdu en dignité lorsque les prises d'armes en usage auront été ramenées à de plus simples proportions ; au surplus, l'armée ne doit plus aujourd'hui s'écarter de son rôle patriotique pour servir d'instrument de parade. »

Ayant, aux termes mêmes du décret précité, à définir les honneurs funèbres réservés aux officiers des armées de terre et de mer non officiers généraux et aux membres de la Légion d'honneur du grade de commandeur, officier et chevalier, le service de place pose le principe que ces honneurs funèbres sont rendus, non par des détachements en armes, mais par des délégations ; le nouveau règlement réalise ainsi, au bénéfice de la préparation militaire proprement dite, l'économie de nombreuses journées d'instruction jusqu'alors perdues.

Cependant pour l'officier de troupe, vivant dans la troupe, en contact journalier avec elle, cette troupe est en quelque sorte sa famille militaire, et il a paru nécessaire qu'elle accompagne, en armes, son chef à sa dernière demeure ; ainsi sont respectés les liens d'affection qui unissent le chef au soldat et le soldat au chef.

Telle est l'économie générale du décret élaboré.

La réforme du service de place dont de nombreuses dispositions sont surannées ou en contradiction avec les règlements de manœuvres s'impose ; elle est impatiemment attendue par l'armée.

Si vous approuvez l'esprit et les dispositions du projet qui vous est soumis, j'ai l'honneur de vous prier, Monsieur le Président, de vouloir bien revêtir le décret ci-après de votre signature.

Veuillez agréer, Monsieur le Président, l'hommage de mon profond respect.

Le Ministre de la guerre,

BRUN.

DÉCRET

(7 octobre 1909.)

Le Président de la République française,

Sur le rapport du Ministre de la guerre,

Vu la loi des 8-10 juillet 1791, concernant la conservation et le classement des places de guerre ;

Vu la loi des 19-22 juillet 1791, relative à l'organisation d'une police municipale ;

Vu la loi des 26 juillet-3 août 1791, relative à la réquisition et à l'action de la force publique contre les attroupements ;

Vu le décret du 24 décembre 1811 relatif à l'organisation et au service d'état-major des places ;

Vu le décret du 1er mai 1812 concernant les capitulations ;

Vu la loi du 7 juin 1848 sur les attroupements ;

Vu la loi du 9 août 1849 sur l'état de siège ;

Vu le décret du 10 août 1853 sur les servitudes défensives ;

Vu le Code de justice militaire pour l'armée de terre ;

Vu le Code de justice militaire pour l'armée de mer ;

Vu la loi du 3 avril 1878, relative à l'état de siège ;

Vu le décret du 4 octobre 1891, portant règlement sur le service dans les places de guerre et les villes de garnison ;

Vu le décret du 22 avril 1898 relatif aux attributions des commandants supérieurs de la défense ;

Vu les décrets des 16 juin et 5 octobre 1907 sur les cérémonies publiques, préséances, honneurs civils et militaires ;

Vu l'avis des Ministres de la justice, des affaires étrangères, de l'intérieur, des finances et de la marine ;

Le Conseil d'Etat entendu.

Décrète :

DISPOSITIONS GÉNÉRALES.

Art. 1er. Les places de garnison se divisent en places ouvertes et en places de guerre.

La dénomination de place de guerre s'applique soit à des villes fortifiées, soit à des forts isolés, soit à des groupements d'ouvrages.

Le classement comme place de guerre ne peut résulter que d'une loi (1), exception faite pour les colonies et pays de protectorat, autres que l'Agérie et la Tunisie, où ce classement est établi par décret, rendu sur la proposition du Ministre des colonies, ou sur celle du Ministre de la marine et des colonies, lorsqu'il s'agit d'une place point d'appui de la flotte aux colonies (2).

Art. 2. Les dispositions du présent décret relatives au service de garnison s'appliquent à toutes les places en temps de paix en temps de guerre et en temps de siège.

Les dispositions relatives au service de défense ne s'appliquent qu'aux places de guerre en état de guerre ou en état de siège.

---

(1) Loi du 10 juillet 1851, art. 1er et 2 (vol. 48).
(2) Paragraphe complété. (Voir p. 150 le décret du 2 août 1912).

PREMIÈRE PARTIE

Service de garnison.

CHAPITRE Ier.

Organisation générale du service.

SECTION Ire.

COMMANDANT D'ARMES.

Art. 3 (1). Le service de garnison est dirigé par un officier portant le titre de commandant d'armes.

Le commandant d'armes est l'officier de la garnison le plus ancien dans le grade le plus élevé, exception faite des cas prévus aux troisième et quatrième alinéas du présent article et aux articles 82 et 102 (2).

Lorsqu'un officier général ou supérieur a reçu une lettre de service lui conférant par intérim les fonctions d'un grade supérieur au sien, cet officier prend rang immédiatement après les officiers pourvus effectivement dudit grade pour l'exercice des fonctions de commandant d'armes.

Dans les places de garnison qui sont chef-lieu de région de corps d'armée, les commandants de corps d'armée sont de droit commandants d'armes, quelle que soit leur ancienneté de grade.

Les officiers généraux commandants supérieurs des troupes aux colonies peuvent, dans les mêmes conditions, déléguer leurs fonctions de commandant d'arme à l'officier général ou supérieur qui, à leur défaut, les exercerait normalement (2).

Les commandants de corps d'armée peuvent déléguer leurs fonctions de commandant d'armes à l'officier général qui, à leur défaut, les exercerait normalement. Avis de cette délégation est immédiatement donné aux chefs de corps et de service de la place ; elle est également notifiée à l'autorité civile.

---

(1) Texte nouveau. (Décrets des 2 et 30 août 1912, *B. O.*, p. 2087 et 1399.)
(2) Voir page 207 circulaire du 30 janvier 1914. (*B. O.*, p. 174.)

La même disposition s'applique, aux colonies, aux officiers placés en activité hors cadres pour exercer des fonctions exclusivement civiles, ainsi qu'aux officiers de marine placés, dans le même but, en mission auprès des divers départements ministériels.

Les militaires ayant rang d'officier appartenant à un corps ou à un personnel ayant une hiérarchie propre, avec ou sans correspondance avec les grades prévus par la loi du 14 avril 1832, et les officiers de gendarmerie, n'exercent pas les fonctions de commandant d'armes.

Art. 4. Le commandant d'armes règle les conditions d'exécution du service général de la place sans toutefois s'immiscer dans l'administration et le service intérieur des corps dont il n'a pas le commandement direct ou des établissements dont il n'a pas la direction.

Ce service doit être réduit au strict minimum, de manière à ne pas entraver la marche de l'instruction et à ne distraire de l'exercice principal de la journée aucun officier ou homme de troupe, à moins de nécessité absolue.

Art. 5. Le commandant d'armes a sous son autorité les chefs de corps et de service de la garnison pour tout ce qui a trait au service général et à la police de la place.

Il veille, de concert avec le chef du génie, à la conservation du domaine militaire.

Art. 6. Il détermine, de concert avec l'autorité civile, les mesures de police qui intéressent en même temps les habitants et les militaires.

Il donne des instructions écrites pour les cas de réquisition de l'autorité civile et pour les cas d'alarme ou d'attaque.

Ces instructions, qui font connaître le rôle assigné aux troupes et aux postes de la place, sont soumises à l'approbation du commandant de corps d'armée.

Art. 7. Le commandant d'armes donne le « mot ».

Le mot est l'ensemble de deux noms : le premier, qui forme le *mot d'ordre*, est le nom d'un grand homme, d'un général célèbre ou d'un brave mort au champ d'honneur ; le second, qui est appelé *mot de ralliement*, est le nom d'une bataille, d'une ville, d'une vertu civile ou guerrière.

Art. 8. Le commandant d'armes relève du général commandant la région de corps d'armée et correspond avec lui par l'intermédiaire des commandants de subdivision de région qui formulent, s'il y a lieu, leurs observations sur la correspondance qu'ils transmettent.

Dans le cas où le commandant d'armes est d'un grade plus élevé ou plus ancien dans le même grade que le commandant des subdivisions de région, ce dernier se borne à une simple transmission.

SECTION II.

MAJOR DE LA GARNISON (1).

Art. 9. Un officier supérieur est désigné par le commandant d'armes pour remplir les fonctions de major de la garnison ; il est chargé, sous son autorité, de diriger et de surveiller les détails du service.

Il est pris parmi les officiers des corps de troupe à l'exclusion des chefs de corps ou des majors, des officiers de gendarmerie, des officiers du recrutement ou de la remonte et des officiers de troupe qui sont détachés dans ces deux derniers services.

Lorsque le commandant d'armes n'est pas d'un grade supérieur à celui de chef de bataillon, il remplit en même temps les fonctions de major de la garnison.

A Paris, les fonctions de major de la garnison sont exercées par le chef d'état-major du général commandant la place ; il porte le titre de major de la place.

Le major de la garnison peut être secondé par des officiers qui prennent le titre d'adjudants de garnison, par des sous-officiers ou par des hommes de troupe pris dans le service auxiliaire et à défaut, aux colonies, dans les corps de troupes de la garnison (2).

L'un de ces militaires est chargé de la tenue des archives de la place.

La composition de ce personnel est fixée par le général commandant la région de corps d'armée.

---

(1) Aux termes de l'article 9 du règlement du 7 octobre 1909 sur le service de place, le major d'une garnion est pris parmi les officiers supérieurs des corps de troupe, à l'exclusion des chefs de corps et des majors, des officiers de gendarmerie, des officiers du recrutement ou de la remonte et des officiers de troupe qui sont détachés dans ces derniers services.

Or, il peut arriver, pendant les manœuvres d'automne, que les officiers supérieurs, susceptibles de remplir les fonctions de major de leur garnison, soient absents simultanément, à l'exception des seuls majors des corps de troupe exerçant le commandement des dépôts.

Dans ces circonstances, en présence de l'impossibilité d'assurer à la lettre l'exécution de l'article 9 du règlement susvisé, il est entendu que les fonctions de major de la garnison pourront être momentanément et exceptionnellement confiées aux majors des corps de troupe.

Des dispositions seront prises, d'ailleurs, pour que le texte de l'article 9 soit précisé dans ce sens lors de la refonte du volume 75 de l'édition méthodique du *Bulletin officiel*. (Circulaire du 10 février 1913, B. O., p., p. 119.)

(2) Alinéa complété. (Décret du 2 août 1912.)

Art. 10. Le major de la garnison établit les consignes des différentes gardes ; il envoie le « mot », sous pli cacheté, avant l'heure de la garde montante, aux chefs de corps et aux chefs de service, qui en assurent la transmission.

Il est chargé des communications à faire aux officiers de réserve, notamment en ce qui concerne les manœuvres, conférences, écoles d'instruction et avis divers.

Art. 11. Chaque matin, le major de la garnison reçoit par un agent de liaison (1) les rapports de chaque corps (2), ainsi que ceux des chefs de poste (3) et des officiers de ronde ou de visite (4) et ceux des sous-officiers de ronde (4).

Le major de la garnison présente ces rapports au commandant d'armes.

Il prend les ordres de ce dernier et les donne (5) aux agents de liaison, leur indique le service à fournir après l'avoir mentionné sur un registre coté et paraphé. Il notifie directement aux chefs de service les ordres qui les concernent.

Art. 12. Le major de la garnison fait les rondes qu'il juge utiles ou qui lui sont prescrites par le commandant d'armes.

Il visite les postes ; il visite également les hôpitaux et les établissements pénitentiaires dans les conditions prescrites aux articles 56 et 60.

SECTION III.

RÉPARTITION DU SERVICE.

Art 13. Les services de la garnison comportent des services individuels, tels que visites d'hôpitaux, de prisons, de postes, rondes, députations, assurés par des officiers ou des hommes de troupe, et des services collectifs, tels que gardes et piquets, assurés par des corps, groupes (6), unités (7) ou fractions d'unités constituées.

Ces services sont répartis entre les différents corps ou détachements de la garnison par le commandant d'armes dans l'ordre qu'il a préalablement fixé en tenant compte de l'importance des effectifs de chacun des corps ou détachements. Cet ordre comprend : un tour pour les services individuels et deux tours pour les services collectifs, savoir :

---

(1) Cycliste autant que possible.
(2) Modèle n° 1.
(3) Modèle n° 2.
(4) Modèle n° 3.
(5) Sous forme autographiée autant que possible.
(6) Bataillon, demi-régiment de cavalerie, groupe de batteries.
(7) Compagnie, escadron, batterie.

1ᵉʳ *tour* : Service collectif en dehors des cas de réquisitions de l'autorité civile ;

2ᵉ *tour* : Service collectif sur réquisition de l'autorité civile.

Pour l'exécution de tous ces services, les chefs de corps ou de détachement désignent les officiers ou hommes de troupe, s'il s'agit de services individuels, et les groupes s'il s'agit de services collectifs, d'après un ordre fixé par eux à l'avance et qui comporte les tours de service ci-dessus spécifiés.

Les chefs de groupes et d'unités désignent, en suivant les mêmes règles, les unités et fractions d'unités constituées.

L'ordre établi pour la répartition des services peut être modifié dans des circonstances exceptionnelles ; il en est rendu compte à l'autorité immédiatement supérieure.

L'ordre prévu au troisième paragraphe ne comprend pas les services de ronde et de visite de postes ; les militaires qui en sont chargés sont pris autant que possible dans l'unité qui fournit les postes ; leurs rondes et visites se limitent à ces postes.

Art. 14. Les services collectifs sont assurés par les différents corps et détachements de la garnison, y compris, si le commandant d'armes le juge nécessaire, les compagnies et sections d'ouvriers d'artillerie, les sections de secrétaires d'état-major et du recrutement, les sections de commis et ouvriers militaires d'administration, les sections d'infirmiers militaires.

Art. 15. Les corps, groupes, unités ou fractions d'unités marchent :

Soit avec une partie de leurs cadres ;
Soit avec leurs cadres au complet ;
Soit avec leurs cadres renforcés.

Dans ce dernier cas, les désignations supplémentaires s'opèrent suivant le tour individuel.

Art. 16. Les gardes fournies par chaque corps occupent les postes les plus voisins de leurs quartiers ou ceux qui ressortissent à leurs spécialités.

Le nombre des hommes à fournir est réglé de manière qu'ils aient au moins six nuits de repos consécutives dans les troupes à pied et huit nuits de repos consécutives dans les troupes à cheval, les nuits de garde d'écurie étant comprises dans ce nombre.

Si la faiblesse de l'effectif de la garnison et les besoins indispensables d'un service extraordinaire obligent le commandant d'armes à s'écarter momentanément de cette règle, il en rend compte au commandant du corps d'armée.

La force des postes est, en général, déterminée par le nombre des sentinelles qu'ils sont chargés de fournir, à raison de trois ou quatre hommes pour une sentinelle, afin que la durée

totale des factions de chaque soldat soit au plus de huit heures
et au moins de six par vingt-quatre heures.

Les fonctions de chef de poste ne sont confiées qu'à des
gradés, et, aux colonies, autant que possible, à des gradés euro-
péens (1).

Art. 17. Le personnel nécessaire pour les visites de postes,
les visites aux hôpitaux et prisons et les rondes est fourni par
les corps. Le personnel nécessaire pour les députations est
fourni par les corps et services.

Les visites se font en tenue de jour avec la jugulaire au
menton.

Art. 18. Lorsqu'un service, après avoir donné lieu à un déplacement, a été contremandé, le commandant d'armes décide,
dans le plus bref délai possible et après avis des chefs de corps
ou de service, s'il doit être considéré comme exécuté.

Art. 19. Sont exemptés du service de place, le service des
députations excepté :

1° Les commissaires du gouvernement près les tribunaux
militaires et les rapporteurs ainsi que leurs substituts ;

2° Les capitaines qui remplissent les fonctions de major ;

3° Ceux des officiers pourvus d'emplois spéciaux qui sont
désignés par les chefs de corps ;

4° Les officiers du service d'état-major, des états-majors particuliers, du recrutement et des remontes, les officiers de troupe
qui y sont détachés.

Sont exemptés de tout service de place aux colonies, y compris le service des députations, les officiers et hommes de troupe
placés en activité, hors cadres, pour exercer des fonctions exclusivement civiles (1).

Les officiers exemptés du service ne reprennent pas les tours
du service individuel qui leur sont échus pendant la durée de
leur exemption; il en est de même des officiers qu'une maladie,
une absence autorisée ou une obligation légale a empêchés de
faire leur service.

Art. 20. Il ne peut être fourni, pour des travaux, aux différentes armes et aux différents services, des militaires appartenant à d'autres corps ou à d'autres services que dans les cas
d'urgence constatée et d'insuffisance démontrée de leur personnel et avec l'approbation du commandant d'armes.

Ces militaires ne sont pris en dehors du service auxiliaire
qu'en cas d'impossibilité absolue, et à charge d'en rendre
compte au Ministre.

---

(1) Alinéa complété. (Décret du 2 août 1912.)

Aux colonies, ce compte rendu est adressé dans tous les cas au commandant supérieur des troupes (1).

Il n'est de même fourni de chevaux par la cavalerie et l'artillerie aux autres corps de la garnison que dans le cas de nécessité absolue.

Art. 21. Les gardes sont relevées toutes les vingt-quatre heures ; elles peuvent être exceptionnellement relevées après une période de douze heures sur la demande du chef de corps approuvée par le commandant d'armes.

Les gardes de police sont comprises dans l'ensemble du service : leur composition est déterminée par le chef de corps qui en donne avis au commandant d'armes.

Art. 22. Les piquets sont destinés à fournir les détachements et les gardes qui peuvent être appelés à marcher extraordinairement pendant les vingt-quatre heures.

Lorsque le commandant d'armes juge utile d'en commander, il détermine leur force pour chaque corps et au besoin pour chaque caserne.

Pendant tout le temps qu'ils sont disponibles pour ce service, les militaires de piquet ne peuvent pas quitter la caserne.

Les officiers et les hommes de troupe autorisés à loger en ville ne restent à la caserne que sur l'ordre du chef de corps.

CHAPITRE II.

Exécution du service.

SECTION I.

RÈGLES GÉNÉRALES DU SERVICE DES GARDES.

Art. 23. La garde qui prend le service s'appelle *garde montante*, celle qui le quitte *garde descendante*.

Les gardes sont formées dans l'ordre déterminé par le règlement sur les manœuvres.

Le commandant de la garde montante, arrivé à cinquante pas du poste, fait mettre la baïonnette ; il conduit ensuite sa troupe à l'emplacement qui lui est réservé.

De son côté, le commandant de la garde descendante lui fait prendre les armes à l'avance et l'établit sur le terrain, en mé-

---

(1) Alinéa ajouté. (Décret du 2 août 1912.)

nageant à sa gauche un espace suffisant pour que la garde montante puisse s'y former ; si le terrain ne le permet pas, il la place en face du poste, en laissant à la garde montante la place nécessaire.

Il fait mettre l'arme sur l'épaule, baïonnette au canon ; les tambours ou clairons des deux gardes battent ou sonnent « aux champs en marchant » ; les trompettes sonnent la marche.

Les commandants des deux gardes, après avoir fait reposer les armes, s'avancent l'un vers l'autre et se font réciproquement le salut des armes s'ils sont officiers. Le chef de la garde descendante passe le service et fait remise du matériel au chef de la garde montante, qui prend possession du corps de garde et réunit ensuite ses gradés pour leur donner le mot.

Les sentinelles ne reçoivent que le mot de ralliement.

Un gradé de la garde montante ou, à défaut, un militaire faisant fonction de gradé va relever les sentinelles avec un gradé de la garde descendante.

Dès que les sentinelles ont été relevées, les commandants des deux gardes font mettre l'arme sur l'épaule ; les tambours ou clairons battent ou sonnent « aux champs en marchant » ; les trompettes sonnent la marche ; le commandant de la garde descendante ramène sa troupe à la caserne.

La garde montante entre au poste.

Art. 24. Les devoirs des chefs de poste, des gradés, des sentinelles, des rondes et patrouilles sont, d'une part, ceux qui sont énumérés aux articles 26 à 36 du présent décret et qui forment la consigne générale des postes, et, d'autre part, ceux qui résultent de la situation spéciale du poste et de l'objet en vue duquel il a été établi, et qui constituent la consigne particulière du poste.

Les consignes sont affichées dans chaque corps de garde.

Les sentinelles reçoivent en outre des consignes verbales.

Dans les cas urgents, les officiers de visite des postes et les adjudants de la garnison peuvent donner des consignes provisoirement exécutoires. Ils les inscrivent sur le rapport et en informent sans délai le major de la garnison. Le chef de poste en fait mention dans son rapport.

Art. 25. Les postes, gardes, piquets et patrouilles ne font

usage de leurs armes pour le rétablissement de l'ordre que dans les conditions prévues à l'article 71.

SECTION II.

DES CHEFS ET GRADÉS DES POSTES.

Art. 26. Le premier devoir du chef de poste, en arrivant au corps de garde, est de prendre connaissance des consignes qui y sont affichées. Il demande au chef de poste qu'il remplace tous les renseignements nécessaires sur le service des vingt-quatre heures. S'il se trouve des personnes retenues au poste, il prend communication des ordres en vertu desquels elles ont été arrêtées et se préoccupe de les diriger sur leur destination.

Il vérifie l'état du matériel du corps de garde et en fait mention dans son rapport.

Il est responsable de toutes les parties du service. Il instruit les gradés de leurs devoirs. Il les prévient qu'ils sont garants envers lui de la tenue de la troupe, de l'exécution des consignes, de la propreté du corps de garde et de ses abords, ainsi que de la conservation des objets portés sur l'état du mobilier.

Il ne peut s'absenter sous aucun prétexte ; il prend ses repas au poste.

Les gradés restent, comme les hommes du poste, dans la tenue où ils étaient à leur arrivée ; ils peuvent déposer le sac et le fusil. Les repas leur sont, comme pour les hommes, apportés au poste.

Toutefois, aux colonies, lorsque les circonstances climatériques l'exigent, la tenue peut être changée d'après les instructions données par le commandant d'armes (1).

Le chef de poste ne peut donner à boire ni à manger dans le poste à qui que ce soit. Il ne tolère aucun jeu ; il ne permet à aucun des hommes de garde de s'éloigner. Il ne peut recevoir personne en dehors des besoins du service.

Toute personne, quel que soit son grade ou sa fonction, qui insulte une sentinelle, est arrêtée sur-le-champ. Si la sentinelle est frappée, elle peut faire usage de ses armes.

Le chef de poste veille à ce que les personnes arrêtées soient conduites, suivant qu'il s'agit d'un militaire ou d'un civil, devant les autorités compétentes désignées dans les consignes.

Les individus arrêtés pendant la nuit sont maintenus provisoirement au poste.

---

(1) Alinéa ajouté. (Décret du 2 août 1912.)

Le transfert des individus arrêtés en état d'ivresse n'a lieu que lorsque l'état d'ivresse a cessé.

La surveillance du chef de poste doit s'exercer particulièrement sur les personnes arrêtées.

Chaque jour il fait parvenir, par les militaires chargés de lui transmettre les ordres de la place, le rapport destiné au major de la garnison.

Si un événement de quelque gravité se produit, il fait porter un rapport spécial au bureau de la place par un homme du poste.

Art. 27. En cas d'alarme, le chef de poste tient sa troupe sous les armes. Il ne laisse jamais de rassemblement ou d'attroupement se former dans les environs immédiats du corps de garde.

Si les rassemblements persistent et si le chef de poste constate des symptômes de troubles sérieux, il recommande aux sentinelles d'être vigilantes, précise les circonstances dans lesquelles elles doivent se replier sur le poste. Il ne fait charger les armes qu'en cas de péril imminent.

Il prévient, si les communications le permettent, le commandant d'armes ou, à défaut, le major de la garnison, le commissaire de police et les gardes des postes voisins.

En cas d'attaque, le commandant de la garde défend énergiquement son poste par tous les moyens, jusqu'à la dernière extrémité, et conformément aux dispositions arrêtées par le commandant d'armes en exécution de l'article 6.

En cas d'incendie, le chef de poste fait prendre les armes et avertir le poste de sapeurs-pompiers le plus voisin. Il envoie sur les lieux le nombre d'hommes armés dont il peut disposer, dans les limites fixées par le dernier paragraphe de l'article 29, pour empêcher le désordre et faciliter les premiers secours.

Il avertit sans délai le major de la garnison ou, à défaut, le commandant d'armes, le commissaire de police et les gardes de police voisins.

A l'arrivée des troupes de la garnison, les hommes de garde retournent au poste.

Art. 28. Le gradé ou le militaire en faisant fonction, qui est chargé de relever les sentinelles, fait sortir les soldats que leur tour appelle à marcher, s'assure de la régularité de leur tenue et de l'état de leurs armes et leur fait mettre la baïonnette au canon.

Il va relever d'abord la sentinelle devant les armes et successivement les autres, en commençant par la plus éloignée. Toutes, excepté la première, le suivent jusqu'à son retour au poste.

A six pas de la sentinelle à relever, le gradé fait faire halte à ses hommes et arrête la nouvelle sentinelle en face de l'ancienne ; celle-ci passe la consigne, le gradé la rectifie, s'il y a lieu, et donne les explications nécessaires. Les deux sentinelles ont l'arme sur l'épaule. Le gradé fait reconnaître par la nouvelle sentinelle l'état de la guérite et de la capote de guérite.

Le gradé, après avoir prescrit à la sentinelle de retirer la cartouche de son arme, lorsque, en vertu des instructions reçues, cette arme était chargée, rejoint les hommes restés en arrière avec la sentinelle relevée, qui se place à la gauche ; il remet ses hommes en marche et va relever les autres sentinelles.

Lorsque la relève est terminée, le gradé ramène ses hommes au poste ; il rend compte au chef de poste.

Art. 29. Les chefs de poste ne doivent pas perdre de vue que la force armée est essentiellement protectrice de l'ordre public, des personnes et de la propriété. En conséquence, ils prêtent main-forte pour l'arrestation des individus signalés comme délinquants et des perturbateurs de l'ordre, lorsqu'ils en sont requis par les officiers de police ou leurs agents.

Ils prêtent également main-forte aux préposés des contributions indirectes, des octrois et de la douane, lorsque ceux-ci réclament assistance pour l'exercice de leurs fonctions.

Ils reçoivent tout individu qui est amené à leur poste par les agents de police. Ces agents doivent faire connaître le caractère public dont ils sont revêtus. Ils écrivent et signent leur réquisition sur le registre du poste (1).

Les chefs de poste protègent toute personne dont la sûreté est menacée. Ils font arrêter les individus poursuivis par la clameur publique ou surpris en flagrant délit.

Lorsque les chefs de poste ont été dans le cas de faire procéder à une arrestation sur la plainte ou l'avertissement d'un tiers, sans l'intervention d'un officier de police, ils prennent les noms, professions et demeures des plaignants et en font mention dans leur rapport.

Si un inconnu réclame l'assistance de la garde pour faire arrêter un autre personne à raison d'un délit qui n'est pas

---

(1) Modèle facultatif.

bien constaté, les chefs de poste font conduire, le cas échéant, devant le commissaire de police, le plaignant et la personne dont il demande l'arrestation.

Dans aucun cas les chefs de poste ne se déplacent et ne dégarnissent leur poste de plus de la moitié de leur effectif.

Art. 30. Si un chef de poste est informé que des désordres d'une nature sérieuse où sont impliqués des militaires se produisent dans un cabaret, un café ou tout autre lieu public, il y envoie un gradé avec le nombre d'hommes nécessaire pour les faire cesser et arrêter, s'il y a lieu, les perturbateurs.

Si les désordres se produisent dans des locaux autres que ceux qui sont indiqués au paragraphe précédent, le chef de poste y envoie également un détachement ; mais il ne peut y entrer sans la réquisition de l'occupant ou sans l'assistance d'un commissaire de police, à moins que des cris tels que : *Au feu ! A l'assassin ! Au secours ! Au voleur !* ne se fassent entendre de l'intérieur ou ne soient poussés par des personnes qui viennent de sortir.

Le commandant de la garde, hors le cas d'empêchement absolu, assiste à la remise des prisonniers à l'escorte.

Art. 31. Lorsque le commandant d'une garde fait conduire des personnes arrêtées, ou qu'il a été requis par l'autorité compétente de faire escorter des prisonniers, il se conforme aux règles suivantes :

L'escorte se compose d'un nombre de soldats double du nombre des individus à conduire. L'escorte ne peut être commandée par un militaire faisant fonctions de gradé que lorsqu'aucun militaire gradé n'est disponible au poste. Elle est en armes avec baïonnette au canon.

Il est expressément défendu à l'escorte d'interrompre sa marche pendant le trajet et de permettre aux prisonniers de communiquer avec qui que ce soit. Elle ne se laisse pas rompre par les voitures, évite les quartiers populeux, les foules, et se détourne, s'il est nécessaire, de la voie directe pour prendre les rues les moins fréquentées.

Dans aucun cas, les commandants de gardes ne se déplacent; ils ne commandent pour le service d'escorte que le nombre d'hommes dont ils peuvent disposer, dans les limites fixées par le dernier paragraphe de l'article 29.

Pour se conformer à la règle formulée par ledit article, ils font faire, s'il est nécessaire, l'opération en plusieurs fois ; en cas d'urgence, ils sont autorisés à demander du renfort aux casernes ou postes les plus rapprochés.

Ils rappellent au chef de l'escorte qu'il demeure responsable de l'évasion et qu'il peut, pour ce fait, être traduit devant un conseil de guerre.

Art. 32. Le chef de poste doit veiller avec la plus grande attention :

1° A ce que les hommes ne boivent que de l'eau potable ;

2° A ce que le corps de garde soit fréquemment aéré, convenablement chauffé et éclairé.

Les mesures générales à prendre pour la tenue et l'hygiène des corps de garde et notamment pour la conservation de l'eau potable sont arrêtées par le Ministre de la guerre.

Aux colonies, ces mesures sont arrêtées par le commandant supérieur des troupes suivant les propositions du directeur du service de santé (1).

SECTION III.

DES SENTINELLES.

Art. 33. Les sentinelles ont toujours la baïonnette au canon ; elles ne portent pas le sac ; elles peuvent avoir l'arme au pied ou sur l'épaule ; elles ne la quittent jamais, même dans la guérite ; lorsqu'elles sont dans le cas de se mettre en défense, elles croisent la baïonnette.

Elles doivent toujours garder une attitude militaire, ne parler à qui que ce soit sans nécessité et ne s'écarter de leur guérite à plus de trente pas.

Les sentinelles ne se laissent relever que par un gradé du poste ou le militaire qui en fait fonction ; elles ne répètent leur consigne ou n'en reçoivent de nouvelle qu'en présence du chef ou d'un gradé du poste

Elles doivent protection, sans toutefois s'éloigner de leur poste, à tout individu dont la sûreté est menacée et qui se réfugie auprès d'elles.

La durée de la faction est de deux heures, sauf quand la rigueur de la saison ou des circonstances particulières con-

____

(1) Alinéa ajouté. (Décret du 2 août 1912.)

duisent le commandant d'armes à la réduire ; dans les cas urgents, le chef de poste peut prescrire cette réduction sous la réserve de rendre compte.

Art. 34. Pour rendre les honneurs, les sentinelles s'arrêtent, font face du même côté que leur guérite et mettent l'arme sur l'épaule ou rectifient la position, lorsque le cortège ou les personnes à qui ces honneurs sont rendus sont arrivés à six pas d'elles. Elles restent en position jusqu'à ce qu'elles aient été dépassées de six pas.

S'il arrive qu'une sentinelle ait besoin de se faire relever, elle crie : *Chef de poste, venez relever !* Ce cri est transmis jusqu'au poste de sentinelle en sentinelle.

Lorsqu'une sentinelle aperçoit un incendie, elle crie : *Au feu !*

Lorsqu'elle entend du bruit, voit commettre un délit, est témoin d'un désordre, lorsqu'un individu est poursuivi par la clameur publique, elle crie : *A la garde !* Ces cris sont répétés de sentinelle en sentinelle jusqu'au corps de garde : le chef de poste envoie un gradé ou le militaire en faisant fonction avec plusieurs soldats pour procéder aux arrestations nécessaires.

La sentinelle devant les armes crie : *Aux armes !* lorsqu'elle entend battre ou sonner la générale ou lorsqu'elle aperçoit la personne ou le corps constitué à qui la garde doit rendre les honneurs.

Pendant la nuit, à partir de l'heure fixée par le commandant d'armes, la sentinelle qui aperçoit une troupe, une ronde ou une patrouille, crie : *Halte-là !* Si la troupe, la ronde ou la patrouille s'arrêtent, la sentinelle crie : *Qui vive ?* Sur la réponse : *France, ronde* ou *patrouille !* la sentinelle crie : *Avance au ralliement !* Le chef s'avance et donne le mot de ralliement à la sentinelle.

Si la troupe, la ronde ou la patrouille ne s'arrêtent pas, la sentinelle répète : *Halte-là !* Si on continue à avancer sans répondre, la sentinelle croise la baïonnette et empêche de passer.

S'il s'agit d'une sentinelle devant les armes, dès qu'elle a reçu le mot de ralliement, elle appelle le chef de poste qui vient reconnaître.

Les mots sont échangés à voix basse.

L'officier ou le sous-officier de ronde ou le chef de patrouille entre seul au poste. Il appose sa signature et consigne l'heure de son passage sur la feuille de rapport et sur le registre du poste.

Pendant la nuit, si, par suite de consignes particulières, elles ne doivent pas se laisser approcher, les sentinelles crient : *Halte-là !* d'une voix forte à toutes personnes qui passent à proximité. Si ces personnes ne s'arrêtent pas, elles répètent une seconde fois : *Halte-là !* et, s'il y a lieu, elles crient : *Au large !* pour faire passer du côté opposé.

Si, après qu'elles ont crié deux fois : *Halte-là !* on continue à avancer sans leur répondre, elles croisent la baïonnette et empêchent de passer.

Dans les cas d'alarme, de trouble ou d'attaque, lorsque les sentinelles ont leurs armes chargées en exécution des instructions reçues, si l'on continue à s'avancer après leur deuxième cri *Halte-là !* elles crient : *Halte-là ou je fais feu !* Si, malgré cet avertissement, on continue à s'avancer, elles font feu et appellent la garde.

Les sentinelles font usage de leurs armes dans le cas prévu au paragraphe 7 de l'article 26.

Art. 35. Dans les postes placés aux prisons, la consigne générale est complétée, en ce qui concerne les devoirs des factionnaires, par les dispositions ci-après :

1° Les factionnaires veillent à la sûreté de l'établissement et avisent le chef de poste de tout fait de nature à la compromettre ;

2° Lorsqu'ils n'ont point, en vertu des instructions reçues, leurs armes chargées, ils disposent de deux cartouches libres qu'ils placent dans la cartouchière qui est le plus à portée de la main ;

3° Si un factionnaire voit, pendant le jour, un détenu sur les toits ou escaladant les murs, il lui fait immédiatement la sommation de s'arrêter, et donne sur-le-champ l'alarme en criant : *Aux armes !* cri qui est répété par les autres factionnaires ;

4° Si le factionnaire constate pendant la nuit une tentative d'évasion, il charge son fusil en criant : *Halte-là ou je fais feu !* Si, malgré cet avertissement, le détenu ne s'arrête pas, la sentinelle fait feu et appelle la garde ;

5° Si un détenu paraît la nuit à une fenêtre non garnie de barreaux, le factionnaire le somme de se retirer et renouvelle deux fois sa sommation. Il ne fait feu qu'après la dernière sommation ;

6° En dehors des cas visés tant à la consigne générale prévue à l'article 24 qu'aux numéros 4° et 5° du présent article, les sentinelles ne doivent faire usage de leurs armes qu'en cas de légitime défense.

SECTION IV.

RONDES ET PATROUILLES.

Art. 36. La nuit, à partir de l'heure fixée par le commandant d'armes, les troupes en armes, les rondes et les patrouilles se reconnaissent de la façon suivante :

Le chef qui le premier aperçoit la troupe, la patrouille ou la ronde crie : *Halte-là !* puis : *Qui vive ?* et à la réponse : *France, ronde ou patrouille !* il crie : *Avance à l'ordre !* reçoit le mot d'ordre du chef de la patrouille ou de la ronde et donne en échange le mot de ralliement.

Les patrouilles parcourent en silence, la baïonnette mise au canon, s'il y a lieu, sur l'ordre du chef de poste ou du chef de patrouille, le chemin qui leur a été tracé ; elles ne peuvent s'en écarter que lorsqu'elles entendent du bruit dans les rues voisines ou aperçoivent un incendie.

Dans le premier cas, leurs chefs se conforment aux prescriptions contenues à l'article 29 pour le maintien de l'ordre public ; dans le second cas, ils se transportent vers l'incendie pour maintenir l'ordre, après en avoir donné avis au poste le plus voisin. Les patrouilles se retirent quand les troupes de la garnison arrivent.

Les chefs de patrouille s'assurent de la vigilance des sentinelles ; s'ils en trouvent en défaut, ils en préviennent le chef du poste auquel elles appartiennent et en rendent compte, à leur retour, au chef de leur poste qui en fait mention, s'il y a lieu, dans son rapport.

Lorsque les patrouilles trouvent dans les rues des personnes qui troublent l'ordre ou des hommes de troupe autres que des sous-officiers qui, après l'appel du soir, ne sont pas porteurs d'une permission, elles les arrêtent.

Les uns et les autres sont amenés au corps de garde le plus voisin pour être, le lendemain, conduits devant les autorités désignées dans les consignes, conformément à l'article 26.

Les sous-officiers rencontrés après l'heure fixee pour leur rentrée à la caserne doivent donner aux chefs de patrouille leur nom et le numéro des corps auxquels ils appartiennent.

CHAPITRE III.

Police militaire.

SECTION Iʳᵉ.

RÈGLES GÉNÉRALES.

Art. 37. Lorsque les circonstances l'exigent, le commandant d'armes peut consigner dans l'intérieur de la place tout ou partie des troupes de la garnison.

Dans des circonstances graves, le commandant d'armes peut consigner dans les casernes la totalité ou une partie des troupes de la garnison.

Les chefs de corps et de détachement ont ce même droit pour leurs troupes ; lorsqu'ils en usent, ils préviennent sur-le-champ le commandant d'armes et lui font connaître leurs motifs.

Le commandant d'armes rend compte de ces mesures, par la voie hiérarchique, au commandant de la région territoriale ; hors le cas d'urgente nécessité, elles ne peuvent, sans l'autorisation de ce dernier, être prolongées au delà de vingt-quatre heures.

Art. 38. Le commandant d'armes assure, en ce qui le concerne, dans les gares et bifurcations, l'exécution des dispositions prescrites par les règlements sur les transports ordinaires.

Art. 39. Le commandant d'armes veille à ce que les militaires ne se livrent pas aux jeux de hasard. Lorsqu'il est informé que des militaires fréquentent une maison de jeu, il la signale à l'autorité civile.

Il peut aussi requérir la visite des auberges, cafés, cabarets et autres lieux publics, afin que les militaires n'y restent pas après l'heure fixée pour leur rentrée au quartier.

Il consigne ces établissements aux troupes de la garnison quand il le juge nécessaire à l'intérêt de la discipline ou de l'hygiène.

Il peut réclamer le concours de l'autorité civile pour les mesures de recherches et de précautions qu'exige la santé des hommes.

Art. 40. Lorsque, par ordre du commandant d'armes, un corps doit prendre les armes ou monter à cheval à l'improviste, le chef de corps fait exécuter les mesures nécessaires arrêtées à l'avance pour prévenir les officiers et rassembler le corps.

Il est rendu compte de ces prises d'armes au commandant du territoire.

Art. 41. Une troupe en marche ne doit pas se laisser couper par les isolés, par la foule ou par les voitures.

En cas de halte ou de repos dans l'intérieur d'une ville, son chef prend des mesures pour ne pas entraver la circulation et pour empêcher les passants de se mêler à la troupe.

Art. 42. L'alarme est annoncée par la générale ; tous les militaires sont tenus de se réunir sur-le-champ au corps dont ils font partie.

Art. 43. Les officiers et assimilés, ainsi que les contrôleurs de l'administration de l'armée qui arrivent dans une place pour y séjourner en vertu d'une mission, d'un congé ou d'une permission, font connaître leur adresse et la durée présumée de leur séjour au commandant d'armes.

Dans les villes où il n'y a pas de garnison, la même notification est faite à la gendarmerie.

Les militaires qui n'ont pas rang d'officier doivent se présenter au bureau de la place, ou, à défaut, à la gendarmerie pour faire viser les titres dont ils sont porteurs.

Les titres de permission dont la durée ne dépasse pas huit jours ne sont pas soumis au visa.

Les dispositions ci-dessus sont applicables au personnel de la marine, sauf à Paris et dans les chefs-lieux d'arrondissement et de commandement maritime, où les dispositions des décrets sur le service à bord sont applicables.

Elles sont aussi applicables, aux colonies, au personnel de l'inspection des colonies et au personnel militaire de l'administration pénitentiaire (1).

Art. 44. Le commandant d'armes et, dans les localités où il n'y a pas de garnison, le commandant local de la gendarmerie surveille la tenue des officiers retraités, officiers en réforme

---

(1) Alinéa ajouté. (Décret du 2 août 1912.)

pour infirmités, officiers de réserve ou de l'armée territoriale, lorsqu'ils font usage de leur uniforme. Ceux d'entre eux qui l'auraient compromis seraient signalés dans un rapport circonstancié au commandant du territoire ; ce dernier rend compte au commandement territorial.

Art. 45. Les officiers de gendarmerie en résidence dans une place sont soumis aux règles de la discipline générale que le commandant d'armes a pour mission de faire observer ; ils concourent, sous sa direction, à l'exécution des mesures de police militaire ; ils ne sont tenus de lui rendre compte des ordres qu'ils reçoivent en dehors de lui que lorsque ces ordres intéressent le service ou la sécurité de la place.

La gendarmerie n'assiste aux revues passées par le commandant d'armes que sur l'ordre du Ministre ou du général commandant le corps d'armée.

Le commandant de la gendarmerie fait connaître au commandant d'armes les événements qui peuvent intéresser l'ordre public dans la place.

Il le prévient toutes les fois qu'il s'opère dans l'intérieur ou à proximité de la place une réunion de gendarmerie autre que celle de la gendarmerie de la résidence.

Il lui envoie à la fin de chaque mois l'état de la situation de la gendarmerie de la place.

Ces dispositions sont applicables, aux colonies, aux officiers et sous-officiers commandant les détachements de gendarmerie (1).

Art. 46. Lorsqu'un détachement de troupes est appelé à agir de concert avec la gendarmerie, le commandement appartient à l'officier le plus élevé en grade ou le plus ancien dans le grade le plus élevé.

S'il s'agit d'un service spécial à la gendarmerie, le commandant de la troupe doit satisfaire aux demandes écrites de l'officier de gendarmerie, qui demeure responsable de l'exécution de son mandat, conformément au règlement sur le service de la gendarmerie.

Art. 47. Les règlements et consignes intéressant l'ordre, la police et la discipline dans les places, ainsi que dans l'intérieur des établissements de la guerre et de la marine, sont également obligatoires pour les militaires et pour les marins. Ils sont portés à la connaissance des uns et des autres.

---

(1) Alinéa ajouté. (Décret du 2 août 1912.)

Art. 48. Toute infraction à la discipline qui ne se rattache pas au service intérieur des corps ou établissements de la place, commise dans une place par un militaire ou par un marin et constatée par un officier ou assimilé ou gradé quelconque de la guerre ou de la marine, donne lieu à une demande de punition transcrite par le major de la garnison sur un registre spécial (modèle n° 4, p. 93) ouvert à cet effet au bureau de la place et transmise au commandant d'armes.

Le commandant d'armes est investi, à l'égard de tous les militaires et marins qui font partie de la garnison de la place ou qui y sont de passage, et en ce qui concerne le service et la police de la place, des droits que son grade lui confère en matière de punition.

Dans le cas où il estime ne pas devoir user de ces droits, il transmet la demande de punition au chef de corps ou de service qui statue, et donne avis au commandant d'armes ; l'auteur de la plainte est informé par le major de la garnison de la suite qu'elle a reçue.

Dans les localités où il n'y a pas de garnison, les demandes de punitions formulées par application du présent article sont adressées au commandant de la gendarmerie locale, qui les transmet à l'autorité militaire ou maritime compétente.

SECTION II.

EXÉCUTION DES CONDAMNATIONS.

Art. 49. Lorsqu'une condamnation comporte des mesures d'exécution en présence des troupes, le major de la garnison, après avoir reçu les ordres du commandant d'armes, indique le lieu et l'heure de ces mesures, ainsi que le nombre d'hommes armés qui doivent être fournis. Il prend les dispositions propres à assurer le maintien de l'ordre et fixe les détachements de gendarmerie et de troupes qui sont nécessaires.

Art. 50. Si le jugement porte condamnation aux travaux publics, lecture en est faite au condamné devant un détachement de chacun des corps de la garnison et en présence des recrues ayant au moins trois mois de service.

Le corps auquel appartient le condamné est présent en entier; il occupe la droite. La composition des détachements des autres corps est déterminée par le commandant d'armes. Les troupes

sont dans la tenue fixée pour la garde, sauf les recrues qui sont
en tenue de jour.

La garde montante et le piquet ne sont pas présents.

Le condamné est amené par un détachement et est revêtu de
l'habillement prévu par les règlements (1).

Il lui est donné, par le greffier, lecture du jugement, puis il
est conduit par un gradé et quatre soldats devant le front des
troupes, qui ont l'arme sur l'épaule. Il est ensuite remis à la
gendarmerie.

Art. 51. Si le jugement comporte la dégradation militaire soit
comme peine principale, soit comme accessoire d'une peine autre que la mort, l'exécution de la condamnation a lieu devant
les troupes composées comme il est dit à l'article précédent.

Le condamné est amené par un détachement ; il est dégradé
après que la lecture du jugement a été faite par le greffier. Le
commandant des troupes réunies prononce à haute voix la formule de dégradation : « N... (nom et prénoms du condamné),
vous êtes indigne de porter les armes; au nom du peuple français
nous vous dégradons » (2).

Le plus ancien sous-officier du détachement qui a conduit le
condamné lui enlève les insignes de grade et les décorations s'il
y a lieu, les épaulettes et les accessoires de l'uniforme qui constituent des marques distinctives. Le condamné, conduit par un
gradé et quatre soldats, passe ensuite devant le front des troupes, qui ont l'arme sur l'épaule.

Art. 52. S'il y a condamnation à mort, l'exécution a lieu en
présence des troupes de la garnison en armes. Le corps auquel
appartient le condamné tient la droite.

Le major de la garnison fait commander pour l'exécution un

---

(1) Code de Justice militaire, article 193 (vol. 56).

(2) Code de Justice militaire, article 190.

Aux termes de l'article 51, 2° alinéa, du décret du 7 octobre 1909 sur
le service de place, concernant l'exécution des jugements qui comportent
la dégradation militaire, le commandant des troupes réunies prononce à
haute voix la formule de dégradation : « N... (nom et prénoms du condamné), vous êtes indigne de porter les armes; *de par la loi*, nous vous
dégradons. »

D'autre part, l'article 190 du Code de justice militaire pour l'armée de
terre du 9 juin 1857 dispose qu'après la lecture du jugement, le commandant prononce ces mots à haute voix : « N... N... (nom et prénoms du
condamné), vous êtes indigne de porter les armes; *au nom du peuple
français*, nous vous dégradons. »

Il n'est pas douteux que seule la formule donnée par le Code de justice
militaire doive être employée, le cas échéant.

Des dispositions seront prises pour que le texte de l'article 51 du décret
du 7 octobre 1909 soit modifié en conséquence lors de la refonte du volume
75 de l'édition méthodique du *Bulletin officiel*. (Circulaire du 26 décembre
1913, B. O., r., p. 1731.)

adjudant, quatre sergents, quatre caporaux et quatre soldats du corps auquel appartient le condamné; ce service est effectué à tour de rôle, les militaires les plus anciens étant pris les premiers. Lorsque le condamné n'appartient pas à un des corps de la garnison ou lorsqu'il fait partie d'un corps qui n'est armé ni du fusil, ni de la carabine, ni du mousqueton, le piquet d'exécution est fourni par les corps de la place remplissant cette condition ; le major de la garnison les désigne pour ce service à tour de rôle, en commençant par le numéro le plus faible et en suivant l'ordre de bataille.

Un cinquième soldat et un cinquième sergent, pris également parmi les plus anciens après ceux qui font partie du peloton d'exécution, sont désignés l'un pour bander les yeux du condamné et le faire mettre à genoux, l'autre pour lui donner le coup de grâce.

L'adjudant, auquel un adjudant de garnison a fait connaître le moment de l'exécution, fait charger les armes avant l'arrivée du condamné.

L'exécution a lieu en présence de l'un des juges du conseil de guerre devant lequel a comparu le condamné ; il est assisté par le greffier, qui en dresse procès-verbal.

Le condamné est amené sur le terrain par un détachement de cinquante hommes ; il n'est pas porteur de ses insignes. Lorsqu'il arrive devant les troupes, elles mettent l'arme sur l'épaule, les tambours ou les clairons battent ou sonnent aux champs.

Le condamné est placé au lieu de l'exécution ; pendant la lecture de l'extrait du jugement par le greffier, on lui bande les yeux et on le fait mettre à genoux.

Le piquet, formé sur deux rangs, s'approche à six mètres du condamné et, celui-ci étant resté seul, l'adjudant, placé à quatre pas sur la droite et à deux pas en avant du piquet, lève son sabre. A ce signal, les douze hommes mettent en joue, visant le milieu de la poitrine ; l'adjudant restant le sabre haut, laisse au piquet le temps d'assurer son tir, puis il commande : *Feu !* commandement instantanément suivi d'exécution. Le cinquième sous-officier donne ensuite le coup de grâce, avec un revolver dont le canon est placé juste au-dessus de l'oreille et à cinq centimètres du crâne.

Les exécutions multiples sont toujours simultanées ; les condamnés sont placés sur une même ligne et séparés par un intervalle de dix mètres. Un seul adjudant commande le feu à tous les piquets.

L'exécution terminée, les troupes défilent devant le mort et sont reconduites dans leurs quartiers. Le commandant d'armes prend les mesures nécessaires pour l'inhumation.

Lorsque, conformément à la loi du 30 décembre 1911, le condamné doit avoir la tête tranchée en vertu d'un jugement rendu en temps de paix par un conseil de guerre de la métropole pour un crime autre qu'un crime exclusivement militaire, aucune des dispositions qui précèdent, sauf celle du paragraphe 5, ne reçoit application. Les conditions dans lesquelles il est procédé à l'exécution sont déterminées par une instruction générale concertée entre le Ministre de la guerre et le Ministre de la justice (1).

Art. 53. Dans les circonstances prévues aux articles 50 et 51, les troupes ne défilent que si le commandant d'armes est officier général et préside à l'exécution de la condamnation.

Dans les autres cas, elles rentrent directement dans leurs quartiers.

Art. 54. Pour l'exécution des dispositions prévues aux articles 50, 51 et 52, la gendarmerie ne peut être commandée qu'en vue d'assurer le maintien de l'ordre.

SECTION III.

ÉTABLISSEMENTS PÉNITENTIAIRES.

Art. 55. La surveillance des établissements pénitentiaires militaires incombe au commandant d'armes; elle peut être déléguée par lui au major de la garnison.

La responsabilité de la direction appartient au commandant de la prison ou à l'agent principal, qui l'exerce sous l'autorité du commandant d'armes, en se conformant aux prescriptions du règlement sur les établissements pénitentiaires militaires.

Art. 56. Un officier est désigné chaque jour pour faire la visite des prisons.

Le commandant d'armes y fait ou fait faire par le major de la garnison de fréquentes visites.

L'officier qui fait la visite reçoit les réclamations des prisonniers et les transmet au major de la garnison par un rapport (modèle n° 5, p. 94) en formulant, le cas échéant, ses propres observations.

---

(1) Alinéa nouveau (décret du 4 mars 1912).

Il constate sa visite en apposant sa signature sur un registre déposé à cet effet à la prison.

Les réclamations et observations consignées dans le rapport de l'officier de visite sont communiquées par le major de la garnison au commandant de la prison ou à l'agent principal.

Art. 57. Lorsque, à défaut d'une prison spéciale, les militaires sont reçus dans une prison civile, ils doivent être séparés des autres détenus. Le commandant d'armes veille à ce que l'ensemble des dispositions prescrites par le règlement sur les établissements pénitentiaires militaires soit exécuté, ou, si la localité ne le comporte pas, à ce que ses principales prescriptions soient autant que possible observées. Dans ce cas, il prend, après s'être entendu avec l'autorité civile, les mesures nécessaires pour assurer la surveillance.

SECTION IV.

ÉTABLISSEMENTS HOSPITALIERS.

Art. 58. Quand un poste est constitué dans un hôpital militaire, le médecin chef de l'hôpital établit les consignes qui ont pour objet la police intérieure de l'hôpital. Il les soumet à l'approbation du commandant d'armes. Il délivre les autorisations nécessaires pour visiter les malades ou pour tout autre objet aux personnes qui demandent l'entrée de l'hôpital; toutefois, si les visites concernent un détenu en traitement, ces autorisations ne sont accordées que par le commandant d'armes.

Dans des cas urgents, le médecin-chef ou, à son défaut, l'officier d'administration gestionnaire peut donner au chef de poste des consignes provisoirement exécutoires. Il en est rendu compte au major de la garnison, conformément aux prescriptions de l'article 24.

Art. 59. Un officier est désigné chaque jour pour faire la visite des hôpitaux militaires ou mixtes ; il est tenu de se conformer aux mesures prophylactiques prescrites par le médecin-chef pour l'accès dans les salles de contagieux.

Il reçoit les réclamations que les malades auraient à formuler.

Il transmet ces réclamations au major de la garnison par un rapport (modèle n° 5, p. 94), il formule, s'il y a lieu, ses propres observations.

Il constate sa visite en apposant sa signature sur un registre déposé à cet effet à l'hôpital.

Les réclamations et observations consignées, dans le rapport de l'officier de visite sont communiquées par le major de la garnison au médecin-chef de l'établissement.

Art. 60. Les généraux et les chefs de corps visitent les hôpitaux militaires ou mixtes pour s'assurer des soins donnés aux malades des troupes placées sous leurs ordres ; les officiers supérieurs, les capitaines commandants d'unités et les médecins visitent également leurs malades et rendent compte de leurs observations au chef de corps.

Le commandant d'armes fait ou fait faire par le major de la garnison de fréquentes visites aux hôpitaux, de jour et de nuit.

Les généraux, le commandant d'armes, les chefs de corps, le major de la garnison sont accompagnés, dans leurs visites, par un officier d'administration ; ils requièrent la présence du médecin de garde lorsqu'ils la jugent nécessaire.

Les mesures prophylactiques prescrites par le médecin-chef pour l'accès dans les salles de contagieux sont applicables à ces diverses visites.

Art. 61. Dans les établissements autres que ceux qui sont indiqués aux deux articles précédents, les visites sont faites suivant les conditions qui ont été concertées entre l'administration militaire et l'administration hospitalière.

Art. 62. Il est désigné chaque jour un sous-officier de planton, qui est de service pendant vingt-quatre heures dans les hôpitaux mixtes. Ce sous-officier se conforme aux dispositions du règlement sur le service des hôpitaux qui sont mentionnées dans sa consigne, ainsi qu'aux ordres qu'il reçoit du médecin-chef pour le maintien de la police intérieure de l'établissement ; il rend compte à ce dernier de ses observations. Il accompagne l'officier de visite à l'hôpital.

Art. 63. Lorsque les médecins prescrivent pour les malades des promenades au dehors ou des bains de mer, le commandant d'armes, sur la demande du médecin-chef de l'hôpital, fait commander s'il y a lieu un nombre suffisant de sous-officiers pour les accompagner et les surveiller.

Art. 64. Des salles particulières sont affectées au traitement des militaires détenus. Elles sont l'objet d'une surveillance spéciale de la part de l'autorité militaire, à laquelle incombent les mesures relatives à la garde de ces détenus.

SECTION V.

RAPPORTS AVEC L'AUTORITÉ CIVILE.

Art. 65. La prise de possession de tout commandement territorial est notifiée par le général commandant la région au préfet qui en informe les autorités civiles intéressées.

Aux colonies, cette notification est faite par le commandant supérieur des troupes au gouverneur général qui en informe les autorités civiles intéressées (1).

Art 66. La police civile est exercée par les fonctionnaires de l'ordre civil chargés de veiller au maintien de la tranquillité publique et à l'observation des lois et règlements de police.

L'autorité militaire ne peut intervenir que lorsqu'elle en est requise.

Réciproquement l'autorité civile ne peut s'immiscer dans les actes de la police militaire.

Art. 67. Les troupes qui séjournent momentanément ou qui passent dans une place sont soumises aux règles de police de cette place et n'ont de rapport avec l'autorité civile que par l'intermédiaire du commandant d'armes.

Art. 68. Le chef d'une troupe qui a été logée chez l'habitant est tenu de laisser à la mairie un officier chargé de recueillir les réclamations des habitants et de recevoir un certificat du maire relatif à la conduite tenue par les soldats à l'égard de leurs hôtes (2).

L'officier reste à la mairie, après le départ de la troupe, pendant trois heures.

L'heure initiale de ce délai ne peut être antérieure à 6 heures du matin, lorsque la troupe part entre 6 heures du soir et 6 heures du matin.

Art. 69. Lorsque l'intervention des troupes est jugée nécessaire pour maintenir l'ordre public et pour assurer l'exécution des lois, l'autorité militaire agit en vertu de la réquisition écrite de l'autorité civile et sous les sanctions prévues par l'article 234

(1) Alinéa ajouté. (Décret du 2 août 1912.)
(2) Loi du 3 juillet 1877, art. 14. (Vol. 70.)

du Code pénal (1) et l'article 218 du Code de justice militaire (2).

Des instructions concertées entre les Ministres de la guerre, de la justice et de l'intérieur, déterminent, suivant les règles posées par les lois du 8 juillet 1791 et du 26 juillet 1791, les formes et le mode d'exécution de la réquisition.

Aux colonies, ces instructions sont établies d'après les mêmes principes, par arrêté du gouverneur général ou du gouverneur. Cet arrêté, pris après avis du commandant supérieur des troupes, est soumis à l'approbation des Ministres de la guerre et des colonies (3).

Art. 70. L'autorité militaire prend les mesures nécessaires pour exécuter la réquisition, en se concertant avec l'autorité civile et en se maintenant, autant que les circonstances le permettent, en relation avec elle.

Art. 71. Les troupes requises ne peuvent faire usage de leurs armes que dans les cas suivants :

1° Si des violences ou voies de fait sont exercées contre elles;

2° Si elles ne peuvent défendre autrement le terrain qu'elles occupent ou les postes dont elles sont chargées (4);

3° Si elles se trouvent dans les conditions prévues par l'article 3 de la loi du 7 juin 1848 (5).

---

(1) *Art. 234 du Code pénal :* « Tout commandant, tout officier ou sous-officier de la force publique qui, après en avoir été légalement requis par l'autorité civile, aura refusé de faire agir la force sous ses ordres, sera puni d'un emprisonnement d'un mois à trois mois, sans préjudice des réparations civiles qui pourraient être dues aux termes de l'article 10 du présent Code. »

(2) *Art. 218 du Code de justice militaire :* « Est puni de mort, avec dégradation militaire, tout militaire qui refuse d'obéir lorsqu'il est commandé pour marcher contre l'ennemi, ou pour tout autre service ordonné par son chef, en présence de l'ennemi ou de rebelles armés.

« Si, hors le cas prévu par le paragraphe précédent, la désobéissance a eu lieu sur un territoire en état de guerre ou de siège, la peine est de cinq ans à dix ans de travaux publics, ou, si le coupable est officier, de la destitution avec emprisonnement de deux à cinq ans.

« Dans tous les autres cas, la peine est celle de l'emprisonnement d'un an à deux ans, ou, si le coupable est officier, celle de la destitution. »

(3) Alinéa ajouté. (Décret du 2 août 1912.)

(4) Loi du 26 juillet 1791, art. 25.

(5) Loi du 7 juin 1848, art. 3. — « Lorsqu'un attroupement armé ou non armé se sera formé sur la voie publique, le maire ou l'un de ses adjoints, à leur défaut le commissaire de police, ou tout autre agent ou dépositaire de la force publique et du pouvoir exécutif, portant l'écharpe tricolore, se rendra sur les lieux de l'attroupement.

« Un roulement de tambour annoncera l'arrivée du magistrat.

« Si l'attroupement est armé, le magistrat lui fera sommation de se dissoudre et de se retirer.

« Cette première sommation restant sans effet, une seconde sommation, précédée d'un roulement de tambour, sera faite par le magistrat.

« En cas de résistance, l'attroupement sera dissipé par la force.

« Si l'attroupement est sans armes, le magistrat, après le premier rou-

En cas d'attroupement sur la voie publique, s'il n'y a pas d'autorité civile présente sur les lieux, le commandant de la troupe doit faire appel à l'autorité civile la plus voisine (1).

Dans les deux premiers cas prévus par le présent article, le commandant de la troupe, lorsque la soudaineté de l'attaque ne lui en enlève pas les moyens, avertit les assaillants, soit par un ou plusieurs roulements de tambours, soit par une ou plusieurs sonneries de « Garde à vous », soit par des avis répétés à haute voix, que l'emploi des armes va être ordonné. Avant d'agir, il laisse s'écouler autant de temps que le permet la sécurité de sa troupe ou la conservation des postes confiés à son honneur militaire.

Art. 72. La réquisition ne prend fin qu'après notification de sa cessation par l'autorité civile requérante (2).

Art. 73. Tout militaire en uniforme doit prêter spontanément main-forte, même au péril de sa vie, à la gendarmerie, ainsi qu'aux autres agents de l'autorité, lorsque ceux-ci sont en uniforme ou munis de leurs insignes.

Art. 74. Lorsqu'un détachement doit être fourni pour le service d'ordre d'une juridiction, la troupe agit, à l'intérieur, d'après les instructions du président, qui a la police de l'audience, et à l'extérieur d'après les instructions concertées entre le président et le commandant d'armes.

Art. 75. L'autorité militaire seule peut faire battre ou sonner la générale.

Elle en avertit l'autorité civile.

Art. 76. En cas d'incendies, inondations ou autres calamités publiques, le commandant militaire a le devoir de faire intervenir les troupes, même d'office, aussi bien à l'extérieur qu'à l'intérieur de la place ou de sa circonscription de commandement.

---

lement de tambour, exhortera les citoyens à se disperser. S'ils ne se retirent pas, trois sommations seront successivement faites.
« En cas de résistance, l'attroupement sera dissipé par la force. »
(1) Loi du 26 juillet 1791, art. 29.
(2) Loi du 8 juillet 1791, titre III, art. 17.

Art. 77. Le commandant d'armes prépare, pour les cas d'incendie et autres calamités publiques, des instructions écrites établies de concert avec l'autorité civile. Ces instructions sont communiquées aux différents corps de la garnison.

Art. 78. Lorsque l'avis d'un incendie parvient à une caserne, les hommes du piquet sont mis immédiatement sur pied, moitié en tenue de travail, moitié en armes et sont dirigés sur le lieu de l'incendie.

Le commandant d'armes prend les mesures nécessaires pour le maintien de l'ordre et la protection des manœuvres qui ont pour objet d'éteindre ou de circonscrire l'incendie ; il arrête ces mesures avec le représentant de l'autorité civile et le commandant des sapeurs-pompiers.

Si l'incendie a éclaté dans un établissement militaire, la direction des manœuvres appartient à l'autorité militaire. Dans tous les autres cas, elle incombe au commandant des sapeurs-pompiers.

Dans tous les autres cas de calamités publiques, l'autorité militaire prête son concours à l'autorité civile, et son intervention s'exerce suivant les règles générales énoncées au présent article.

SECTION VI.

PRESCRIPTIONS RELATIVES AUX PERCEPTIONS FISCALES.

Art. 79. Le commandant d'armes veille à ce que les employés chargés de la perception des droits dont sont passibles les cantiniers établis dans les bâtiments militaires ne soient pas entravés dans l'exercice de leurs fonctions.

Art. 80. Les convois militaires entrant dans un lieu sujet aux droits sont soumis à la visite des employés de l'administration fiscale.

Les règles prescrites pour le transit et le passe-debout leur sont appliquées.

Lorsque ces convois se trouvent avec une troupe, le chef de la troupe peut demander qu'ils soient accompagnés jusqu'à la caserne par un employé de l'administration fiscale ou escortés jusqu'à la sortie de la ville, s'ils ne font que traverser le lieu sujet.

Dans le premier cas, la visite est faite à la caserne, en présence d'un officier désigné à cet effet par le chef de corps ou de détachement ; il doit être accordé les facilités nécessaires aux vérifications.

Dans le cas où l'administration fiscale aurait lieu de soupçonner que des objets soumis aux droits sont introduits en fraude dans les effets d'équipement des soldats, elle en informe le commandant d'armes et peut requérir qu'une visite de ces effets soit faite à l'arrivée de la troupe dans les casernes, sous les yeux d'un de ses employés et en présence d'un officier.

Art. 81. Les voitures et transports militaires sont assujettis à la visite des agents de la douane à leur passage devant les bureaux des douanes.

Si une troupe franchit une ligne de douane, la visite des voitures et bagages qui l'accompagnent, ainsi que celle des effets d'équipement, s'exécute à portée du bureau, sous les yeux d'un officier ou d'un gradé. S'il y a lieu à une visite *à corps*, elle est faite par un gradé désigné par le chef du détachement et est exécutée sous les yeux d'un agent de la douane.

Tout détachement et tout isolé est tenu de s'arrêter de jour et de nuit à la sommation : *Halte-là, la douane !* faite dans une zone de 20 kilomètres de profondeur à partir de la frontière.

CHAPITRE IV.

Dispositions spéciales aux places de guerre.

SECTION I.

COMMANDEMENT.

Du commandant supérieur de la défense.

Art. 82. Les places de guerre sont, dès le temps de paix, constituées en groupe de places. Un officier général ou, par exception, un colonel est placé à la tête de chacun de ces groupes et chargé d'en préparer la défense. Il prend le titre de commandant supérieur de la défense.

Nota. — Les articles 82 *bis*, 83 *bis*, 85 *bis*, 86 *bis*, 87 *bis* et 88 *bis* sont insérés pages 52 à 54.

Il est pourvu d'un état-major.

Dans les places de guerre qui sont le siège d'un commandement supérieur de la défense, les fonctions de commandant d'armes sont conférées à grade égal au commandant supérieur de la défense.

Lorsque des ouvrages dépendant d'une place ont une garnison spéciale, le service y est dirigé par un commandant d'armes particulier soumis à l'autorité du commandant d'armes de la place.

Lorsque le groupe de places qui lui est confié comporte une place principale, le commandant supérieur de la défense est, en principe, le gouverneur de cette place. Il y réside et prend, dès le temps de paix, le titre de gouverneur de la place.

Le commandant supérieur de la défense d'un groupe est investi du commandement territorial.

Il l'exerce sous l'autorité du commandant de corps d'armée ou du général de division, s'il est d'un grade inférieur ; le Ministre désigne les subdivisions de région dont le commandement lui est attribué.

Art. 83. Le commandant supérieur commande les corps de troupe et les détachements de l'armée active et de l'armée territoriale destinés à former les garnisons de places fortes et résidant dans l'étendue de son commandement.

En dehors des prises d'armes, il n'a d'autre autorité sur les troupes de campagne que celle qui résulte de ses fonctions de commandant du territoire et, s'il y a lieu, de commandant d'armes.

Art. 84. Le commandant supérieur de la défense est assisté, pour l'ensemble des places du groupe placé sous son autorité, des chefs des services de l'artillerie, du génie, de l'intendance et de santé du groupe ; chacun d'eux doit se rendre compte des devoirs se rattachant à la mission qui lui est confiée, de l'importance des besoins auxquels il peut avoir à donner satisfaction, des ressources dont il dispose, de celles qu'il est toujours sûr de pouvoir se procurer. Il a qualité pour prescrire l'étude, par les services locaux, de toutes les questions qui intéressent la défense.

Art. 85. Le commandant supérieur, lorsqu'il est gouverneur

de la place principale, a le devoir de se préparer à en diriger la défense en temps de guerre ou de siège. Il veille aux divers besoins de la place et se préoccupe des moyens propres à y donner satisfaction.

Art. 86. Le commandant supérieur de la défense procède dans les divers services aux inspections qu'il juge utiles. Il est tenu au courant de tous les faits qui sont de nature, dans la zone de 10 kilomètres autour de chaque place du groupe (1), à influer sur la défense, tels que déboisements, constructions de ponts, de chemins, empierrements de chaussées, desséchements d'étangs ou de marais.

Art. 87. Pour chaque place, le commandant supérieur de la défense fixe le local où doivent être placées les archives et désigne l'officier détenteur de la clef de ce local ; cet officier est l'un des membres de la commission de défense ou le commandant d'armes.

Les archives sont communiquées, sur place, aux gouverneurs prévus à l'article 90 et aux officiers de l'artillerie et du génie employés au service de la défense de la place.

Le commandant supérieur de la défense du groupe autorise, quand il le juge convenable et dans les mêmes conditions, la communication de ces pièces au fonctionnaire de l'intendance et au médecin militaire mentionnés à l'article 95.

Aucune pièce ne peut être déplacée sans un ordre écrit du commandant supérieur de la défense.

Art. 88. Lorsque le commandant supérieur de la défense s'absente, s'il n'a pas l'adjoint prévu à l'article 89 ou si son adjoint n'est pas officier général, les fonctions de commandant du territoire et celles de gouverneur, s'il y a lieu, sont remplies par l'officier de la garnison de défense qui est le plus ancien dans le grade le plus élevé.

De l'adjoint au commandant supérieur de la défense.

Art. 89. Lorsque l'importance du service l'exige, le comman-

---

(1) Zone à compter à partir des ouvrages permanents les plus avancés.

dant supérieur de la défense est secondé par un adjoint officier
général ou officier supérieur.

L'adjoint au commandant supérieur de la défense est, en
principe, son intermédiaire dans toutes les parties du service ;
il est tenu au courant de tout ce qui concerne la préparation de
la défense.

Lorsque l'adjoint au commandant supérieur de la défense est
officier général, il exerce, sous l'autorité du commandant supérieur, le commandement des troupes et le commandement territorial.

Des gouverneurs.

Art. 90. L'officier qui doit diriger la défense d'une place de
guerre est nommé, dès le temps de paix, par le Président de
la République. Il est choisi parmi les officiers des armées de
terre et de mer en activité de service ou en retraite depuis moins
de cinq ans, ou du cadre de réserve, ou appartenant au cadre
dit des officiers de réserve et ayant servi comme officiers dans
l'armée active.

Il doit avoir un grade au moins égal à celui de l'officier le
plus élevé en grade des troupes affectées à la défense.

Un officier choisi à l'avance est chargé de le suppléer en cas
d'empêchement.

L'officier qui doit diriger la défense de la place prend le titre
de gouverneur ou de gouverneur désigné suivant qu'il doit en
exercer le commandement dès le temps de paix sous l'autorité
du commandant supérieur de la défense ou seulement en temps
de guerre ou de siège.

Le gouverneur désigné peut ne pas résider dans la place.
Dans ce dernier cas, il s'y rend au moment de la mobilisation
et prend le titre de gouverneur.

Art. 91. Le plan de ravitaillement de la place est établi soit
par le gouverneur, soit par le gouverneur désigné ou, si celui-ci
n'y réside pas, par un officier de la garnison dans les conditions
prévues aux décrets et aux instructions ministérielles qui régissent le service du ravitaillement de l'armée et de la population
civile des places fortes.

Art. 92. Les gouverneurs désignés résidant dans la place
n'ont d'autre autorité sur le personnel de cette place que celle

que leur attribuent les fonctions dont ils sont investis en temps de paix.

Les gouverneurs désignés, résidant ou non, sont sous les ordres du commandant supérieur de la défense pour tout ce qui est relatif à leur service spécial.

Les commandants de corps d'armée règlent, sur la proposition du commandant supérieur de la défense, les conditions dans lesquelles les gouverneurs désignés préparent la défense de la place qui leur sera confiée en temps de guerre. Les documents intéressant cette défense leur sont communiqués.

Dispositions communes.

Art. 93. Dès le temps de paix, les noms des officiers choisis pour commander en temps de guerre les ouvrages importants d'une place sont portés au plan de mobilisation. Le commandant supérieur de la défense prend les mesures nécessaires pour qu'ils se préparent à l'avance à l'exercice de leurs fonctions.

Art. 94. Le commandement d'une place de guerre ne peut être exercé que par un officier français et servant à titre français. Ce commandement ne peut être exercé par un militaire ayant rang d'officier appartenant à un corps ou à un personnel ayant une hiérarchie propre, lors même que les grades dont leurs membres peuvent être revêtus correspondent à ceux de la hiérarchie militaire.

SECTION II.

COMMISSION DE DÉFENSE.

Art. 95 (1). Il est formé, dans chaque place, une commission de défense composée comme il suit :

Pour la place principale :
Le commandant supérieur de la défense, président ;
Son adjoint ;
Les quatre chefs de services régionaux du groupe ;
Le chef d'état-major du commandant supérieur de la défense, secrétaire, avec voix consultative.

---

(1) Texte nouveau. (Décret du 30 août 1912, *B. O.*, p. 1398.)

Pour les autres places :

Le commandant supérieur de la défense, président ;

Le gouverneur désigné ;

Le commandant du parc d'artillerie de la place principale;

Le chef du génie ;

Le fonctionnaire de l'intendance chargé du service territorial ;

Le médecin militaire de l'armée active appelé à diriger le service de santé de la place en temps de guerre, ou, à défaut, un médecin militaire de l'armée active désigné par le commandant du territoire sur la demande du commandant supérieur de la défense ;

Le chef d'état-major du commandant supérieur de la défense, secrétaire, avec voix consultative.

Les commissions de défense comprennent toujours un représentant de l'arme de l'infanterie, savoir : l'adjoint au gouverneur s'il appartient ou s'il a appartenu à cette arme, ou, dans le cas contraire, et dans l'ordre suivant : l'officier le plus élevé en grade de cette même arme appartenant aux troupes affectées à la défense, ou l'officier d'infanterie le plus élevé en grade des troupes de la garnison, ou, à défaut, un officier d'infanterie d'une garnison voisine.

Les commissions de défense peuvent appeler, à titre consultatif, le maire de la place et toute personne qu'elles jugent utile de convoquer.

Art. 96. Les commissions de défense se réunissent chaque année dans la place pour établir ou reviser le plan de mobilisation suivant les instructions du Ministre. Le commandant supérieur de la défense, après avoir, à ce sujet, provoqué l'approbation du commandant du corps d'armée, fixe la date de la réunion de chaque commission et en convoque directement les membres.

Les procès-verbaux des délibérations sont consignés sur un registre tenu par le chef d'état-major du commandant supérieur de la défense.

En dehors des réunions annuelles, les commissions peuvent, dans les conditions prévues ci-dessus, être convoquées pour traiter les questions spéciales dont l'étude aurait été prescrite par le Ministre.

Les plans de mobilisation, ainsi que tout document s'y rapportant, sont transmis par le commandant supérieur de la défense au Ministre par l'intermédiaire du commandant du corps d'armée.

SECTION III.

RÈGLES DE POLICE.

Art. 97. Quiconque se livre à des opérations de topographie, avec ou sans appareils photographiques, dans les ouvrages sur les remparts et dans la zone d'un myriamètre autour d'une place forte, d'un poste ou d'un établissement militaire ou maritime (1) est, s'il ne produit une autorisation écrite du chef du génie visée, soit par le commandant du corps d'armée, soit par le commandant supérieur de la défense, conduit devant le commandant d'armes qui le met, s'il y a lieu, à la disposition de l'autorité judiciaire.

Lorsqu'il s'agit d'opérations intéressant un service public ou relatives à l'arpentage des propriétés privées, l'autorisation prévue au paragraphe précédent ne peut être refusée (2).

Art. 98. Tout individu arrêté en terrain militaire comme soupçonné de se livrer à un acte d'espionnage est conduit au commandant d'armes qui l'interroge et, suivant ses réponses, le fait relâcher immédiatement ou le remet, conformément aux prescriptions de l'article 11 de la loi du 18 avril 1886, entre les mains de l'autorité judiciaire.

Art. 99. Les dégradations causées aux fortifications et aux bâtiments ou établissements militaires, et les vols ou dégradations d'objets mobiliers en dépendant font l'objet de rapports ou de procès-verbaux des agents militaires assermentés ; ces rapports ou procès-verbaux sont transmis à l'autorité compétente.

Les auteurs des infractions saisis en flagrant délit sont conduits au corps de garde le plus voisin ; le commandant d'armes les fait mettre immédiatement, suivant le cas, à la disposition de l'autorité civile ou de l'autorité militaire ; il transmet à l'une ou

---

(1) Loi du 18 avril 1886, art. 6 (vol. 594).
(2) Loi du 8 juillet 1791, titre I, art. 41.

à l'autre, suivant le cas, les rapports qu'il reçoit au sujet de ces arrestations.

Lorsque des bestiaux pâturant sur le terrain militaire, ou des voitures ayant causé des dégradations à une partie quelconque des fortifications sont saisis et conduits à la fourrière, les agents assermentés du service du génie ou de l'artillerie dressent procès-verbal.

Tout individu autre qu'un militaire qui est trouvé franchissant les barrières, palissades ou autres clôtures établies sur le terrain militaire, escaladant les revêtements ou le talus des fortifications, est traduit, sur la plainte du commandant d'armes, devant le tribunal compétent (1).

Art. 100. Lorsqu'à défaut d'exécution d'un jugement par la partie condamnée, il doit être procédé d'office à la démolition de constructions, au comblement de fouilles et autres mesures de remise en état, le chef du génie se concerte sur les moyens et l'époque de l'exécution avec le commandant d'armes, qui fait protéger les travaux s'il est nécessaire.

Art. 101. Dans le cas de travaux ou d'exercices militaires pouvant entraver les services publics et gêner les habitants, il est procédé conformément à l'article 27, titre VI, de la loi du 8 juillet 1791 (2).

CHAPITRE V.

Dispositions spéciales aux places du littoral.

SECTION I.

COMMANDEMENT.

Art. 102. Les préfets maritimes sont gouverneurs de la place

---

(1) Loi du 18 avril 1886, art. 7.

(2) Loi du 8 juillet 1791, titre VI, art. 27. — « Lorsque les travaux des fortifications ou tous autres objets de service militaire exigeront, soit l'interruption momentanée des communications publiques, soit quelques manœuvres d'eau extraordinaires, ou toute autre disposition non usitée qui intéressera les habitants, les agents militaires ne pourront les ordonner qu'après en avoir prévenu la municipalité et pris avec elle les mesures nécessaires pour que le service public n'en reçoive aucun dommage. »

de guerre chef-lieu de l'arrondissement maritime a la tête duquel ils sont placés.

Ils relèvent, à ce titre, du général commandant le corps d'armée pour tout ce qui touche la défense sur terre de la place et pour tout ce qui concerne les troupes et les établissements qui dépendent du ministère de la guerre.

Ils sont secondés dans leurs fonctions de gouverneur par un officier général de l'armée de terre et par un officier général ou supérieur de l'armée de mer, commandant du front de mer, qui prennent le titre d'adjoints au gouverneur.

Les préfets maritimes sont commandants d'armes (1).

Art. 103. Lorsque le préfet maritime gouverneur s'absente, les fonctions de préfet maritime sont remplies par un officier général de la marine dans les conditions fixées par les règlements de ce Département. Il est remplacé, comme gouverneur, par celui de ses adjoints qui est le plus ancien dans le grade le plus élevé et, comme commandant d'armes, par l'officier de l'armée de terre ou de l'armée de mer le plus ancien dans le grade le plus élevé (1).

Art. 104. Le général adjoint au gouverneur dirige, sous l'autorité du gouverneur, l'étude des questions se rapportant à la défense de la place contre un ennemi sur terre ou en cours de débarquement, et spécialement la défense du front de terre.

L'adjoint au gouverneur commandant du front de mer dirige, sous l'autorité du gouverneur, l'étude des questions se rapportant à la défense de la place sur le front de mer contre un ennemi flottant (1).

Art. 105. Le général adjoint au gouverneur exerce, sans intervention du préfet maritime, le commandement territorial de la subdivision de région.

A son défaut, ce commandement appartient à l'officier de l'armée de terre le plus ancien dans le grade le plus élevé des troupes affectées à la défense (1).

Art. 106. Dans les places de guerre du littoral qui ne sont pas pourvues, dès le temps de paix, d'un gouverneur ou d'un commandant du front de mer y résidant et qui sont désignées par des décisions concertées du Ministre de la guerre et du Ministre

---

(1) Texte nouveau. (Décret du 28 avril 1914, *B. O.*, p. 818.)

de la marine, la centralisation des affaires ayant pour objet la préparation de la défense de la place est assurée par les deux adjoints au gouverneur du chef-lieu de l'arrondissement maritime, chacun en ce qui le concerne. Toutefois, l'adjoint au gouverneur commandant du front de mer peut être remplacé, pour ce qui intéresse le front de mer de la place, par le commandant du front de mer d'une place voisine (1).

SECTION II.

COMMISSION DE DÉFENSE.

Art. 107 (1). 1° *Ports militaires.* — La commission de défense formée dans les ports militaires, conformément à l'article 95, est composée comme il suit :

Le préfet maritime, *président ;*

Son adjoint ;

Le major général de la marine ;

Le chef d'état-major de l'arrondissement maritime ;

Le plus ancien colonel d'infanterie ou, à défaut, l'officier le plus ancien dans le grade le plus élevé de l'arme de l'infanterie ;

Le commandant du parc d'artillerie, ou, à son défaut, l'officier d'artillerie à pied résidant dans la place, le plus ancien dans le grade le plus élevé;

S'il y a lieu, l'officier de marine commandant l'artillerie du front de mer;

Sauf cas particulier, le directeur du génie, s'il réside dans le port en temps de paix et s'il fait partie de la garnison de défense, ou, à son défaut, le chef du génie;

Le commissaire général de la marine, ou, à son défaut, l'officier du même corps qui le supplée dans ses fonctions;

Le sous-intendant chargé du service territorial;

Le chef du service de l'intendance des troupes coloniales;

Le médecin de l'armée de terre le plus ancien dans le grade le plus élevé;

Le médecin de la marine le plus ancien dans le grade le plus élevé;

Le chef d'état-major du gouvernement de la place forte, secrétaire, avec voix consultative.

---

(1) Texte nouveau. (Décret du 23 avril 1914, *B. O.*, p. 818.)

Les propositions de la commission de défense sont transmises, par l'intermédiaire du général commandant la région de corps d'armée, aux Ministres de la guerre et de la marine, qui se concertent pour la suite à donner à celles de ces propositions qui intéressent le Département de la marine.

2° *Places du littoral, autres que les places de guerre chefs-lieux d'arrondissements maritimes, pourvues d'un gouverneur dès le temps de paix.* — La composition de la commission de défense est celle qui est prévue à l'article 95, avec adjonction de l'officier de marine commandant le front de mer de la place, et, si ce dernier ne réside pas en temps de paix dans la place, du commandant du front de mer d'une place voisine, qui est chargé, en temps de paix, de la préparation de la défense de la place.

3° *Places du littoral non pourvues de gouverneur dès le temps de paix.* — La commission de défense est composée comme il suit :

Le général adjoint au gouverneur de la place de guerre chef-lieu de l'arrondissement maritime à laquelle la place du littoral est rattachée et l'officier de marine chargé de la préparation de la défense de la place. La présidence est exercée par celui de ces deux officiers qui est du grade le plus élevé ou qui est le plus ancien à égalité de grade;

Le gouverneur désigné;

L'officier d'artillerie à pied résidant dans la place, le plus ancien dans le grade le plus élevé;

Le chef du génie;

Le fonctionnaire de l'intendance chargé du service territorial;

Le médecin militaire de l'armée active appelé à diriger le service de santé de la place en temps de guerre, ou, à défaut, un médecin militaire de l'armée active désigné par le commandant du territoire sur la demande du commandant supérieur de défense;

L'officier de marine commandant le front de mer;

Si le général adjoint au gouverneur ne sort pas de l'arme de l'infanterie, l'officier de cette arme le plus élevé en grade des troupes de la garnison ou d'une garnison voisine, dans le cas où il n'y a pas de troupes d'infanterie dans la place;

Le chef d'état-major du gouvernement de la place de guerre

chef-lieu d'arrondissement maritime à laquelle la place du littoral est rattachée, secrétaire, avec voix consultative;

Dans les places du littoral faisant partie d'un groupe et non pourvues de gouverneur dès le temps de paix, la présidence appartient au commandant supérieur de la défense du groupe; les services sont représentés par les officiers désignés pour être les chefs de service en temps de guerre dans la place, ou, à défaut, par les chefs de service du groupe.

SECTION III.

RÈGLES DE POLICE.

Art. 108. L'armée de mer et l'armée de terre concourent au service général de la place tel qu'il est défini à l'article 13 du présent décret; ce service est commandé conformément aux dispositions de l'article précité en tenant compte des ressources des deux armées et de leurs spécialités.

En principe, elles assurent respectivement la garde de leurs établissements. Dans les cas où elles sont numériquement insuffisantes, elles se suppléent l'une l'autre.

Art. 109. La police et la surveillance des établissements et terrains dépendant du ministère de la marine appartiennent à l'autorité maritime, à l'intérieur comme en dehors de la place.

La police et la surveillance des autres parties de la place appartiennent au commandant d'armes.

Art. 110. Lorsque des condamnations prononcées par des conseils de guerre ou des tribunaux maritimes doivent recevoir leur exécution en présence des troupes, des détachements sont fournis par les troupes de la guerre et de la marine.

Dans ce cas et toutes les fois qu'il y a réunion des troupes des deux Départements, l'officier le plus ancien du grade le plus élevé prend le commandement.

Art. 111. Les terrains de chaque Département sont affectés aux exercices et revues des troupes de ce Département.

Toutefois, les troupes de la guerre peuvent être autorisées à utiliser les terrains de la marine, sous la réserve que le service et les exercices de la marine n'en subissent aucune gêne, et réciproquement.

Art. 112. Le commandant d'armes règle, pour le cas d'incendie, le service des troupes.

Lorsqu'un incendie éclate dans la place, les secours sont dirigés comme il a été spécifié à l'article 78. S'il se produit dans un établissement de la marine, la direction des secours appartient à l'autorité maritime.

Art. 113. L'autorité maritime peut, après entente avec le commandant d'armes, envoyer dans une place des gradés et, s'il y a lieu, des patrouilles des équipages de la flotte chargées d'exercer une surveillance spéciale sur les marins.

L'autorisation d'utiliser les terrains de la guerre est donnée, dans les ports autres que les ports militaires, par le commandant d'armes, celle d'utiliser les terrains de la marine par le préfet maritime.

CHAPITRE V *bis* (1).

DISPOSITIONS SPÉCIALES AUX PLACES POINTS D'APPUI DE LA FLOTTE AUX COLONIES.

SECTION I".

COMMANDEMENT.

Art. 82 *bis*. Les points d'appui de la flotte aux colonies sont, dès le temps de paix, constitués en places de guerre.

Un officier général ou supérieur, nommé par décret, sur la proposition des Ministres de la guerre et des colonies, exerce le commandement dans la place dont il est chargé de préparer la défense. Il prend le titre de commandant de la défense.

Il est pourvu d'un état-major.

Dans les points d'appui de la flotte, qui sont le siège du commandement supérieur des troupes, les fonctions de commandant d'armes délégué sont, à grade égal, conférées au commandant de la défense.

Art. 83 *bis*. Le commandant de la défense a sous ses ordres la totalité des troupes et des services militaires stationnés dans le rayon d'action du point d'appui et spécialement affectés à sa défense à la mobilisation. Il est investi du commandement ter-

---

(1) Le chapitre V *bis* est donné par le décret du 2 août 1912.

(2) Les dispositions spéciales aux points d'appui de la flotte non prévues dans le présent décret restent régies par celui du 3 novembre 1905 (vol. 62).

ritorial dans l'étendue de ce rayon. Il relève directement, dans l'exercice de ces commandements; du commandement supérieur des troupes.

Art. 85 *bis*. Un officier de marine est désigné par le Ministre de la marine, pour exercer, à la mobilisation, sous l'autorité du commandant de la défense, le commandement des moyens de défense et d'information maritimes, spécialement affectés à la défense du point d'appui. Il prend le titre d'adjoint désigné du commandant de la défense. Il est placé, en temps de paix, sous les ordres du commandant de la marine de la colonie.

Les relations du commandant de la défense, avec les autorités maritimes du point d'appui et avec l'officier de marine adjoint désigné, restent déterminées par le décret du 3 novembre 1905, relatif aux points d'appui de la flotte aux colonies.

Art. 86 *bis*. Sous réserve des dispositions spéciales qui précèdent, le commandant de la défense d'une place point d'appui de la flotte est investi des pouvoirs et des attributions dévolues, en temps de paix, de guerre et de siège, au commandant supérieur de la défense d'un groupe de places de guerre et au gouverneur d'une place.

SECTION II.

COMMISSION DE DÉFENSE.

Art. 87 *bis*. Dans chaque point d'appui de la flotte, la commission de défense, formée dans les conditions générales prévues aux articles 95 et 96, est composée ainsi qu'il suit :

Le commandant de la défense, président;

Le commandant de la marine;

Le plus ancien dans le grade le plus élevé des officiers des troupes d'infanterie comprises dans la garnison de défense du point d'appui;

L'officier commandant le front de mer ou pourvu d'un commandement correspondant à celui du front de mer;

Les chefs de service de l'artillerie, de l'intendance et de santé du point d'appui;

L'officier de marine adjoint désigné au commandant de la défense;

Le chef d'état-major du commandement de la défense ou, à défaut, l'officier d'état-major adjoint au commandant de la défense, secrétaire avec voix consultative.

Les plans de mobilisation arrêtés et annuellement revisés par la commission de défense, les procès-verbaux de ses délibérations, ainsi que ses propositions, sont transmis au Ministre des colonies par l'intermédiaire du commandant supérieur des troupes et du gouverneur général ou du gouverneur; les questions qui intéressent directement le département de la marine lui sont transmises par l'intermédiaire du commandant de la marine.

SECTION III.

RÈGLES DE POLICE.

Art. 88 *bis*. Les règles de police applicables dans une place ou un groupe de places points d'appui de la flotte sont celles établies aux sections III des chapitres IV et V.

Le commandant de la marine exerce, à cet égard, les attributions dévolues à l'autorité maritime.

CHAPITRE VI.

Honneurs et préséances.

SECTION I.

DISPOSITIONS GÉNÉRALES.

Art. 114. Sont soumises aux prescriptions du présent chapitre, les dispositions relatives aux honneurs et préséances non réglées par les décrets des 16 juin et 5 octobre 1907 et du 10 décembre 1912. (Voir p. 103, 131 et 151.)

Art. 115. L'ordre de bataille pour les réunions des troupes est fixé comme il suit (1) :

Armée de terre.

1° TROUPES A PIED ET SANS MATÉRIEL

Invalides.
Gendarmerie........ { Gendarmerie départementale.
{ Garde républicaine.
Sapeurs-pompiers des communes.

___

(1) Voir page 216, la circulaire du 22 juillet 1922 qui remplace, à titre provisoire, l'article 115.

Sapeurs-pompiers de la ville de Paris.

Artillerie.......... { Régiments d'artillerie.
Détachements d'artillerie de campagne.
Batteries et détachements d'artillerie des troupes coloniales.
Compagnies et sections d'ouvriers.
Compagnies et sections d'ouvriers de l'artillerie coloniale. }

Génie.............. { Sapeurs mineurs.
Sapeurs de chemin de fer, télégraphistes, aérostiers, conducteurs. }

Infanterie.......... { Chasseurs.
Douaniers.............
Chasseurs forestiers... } { Les unités actives marchent à la suite des unités de forteresse. }

Infanterie.......... { Zouaves.
Infanterie métropolitaine.
Infanterie coloniale.
Infanterie légère d'Afrique.
Officiers des compagnies de discipline.
Tirailleurs algériens.
Compagnies des oasis sahariennes.
Régiments étrangers. }

Train des équipages militaires.
Service militaire des chemins de fer.
Service de la télégraphie.
Service de la trésorerie et des postes.
Sections de secrétaires d'état-major et du recrutement.
Sections de commis et ouvriers militaires d'administration.
Sections d'infirmiers.

2° TROUPES AVEC MATÉRIEL.

Artillerie métropolitaine.
Artillerie coloniale.
Génie.
Train des équipages militaires.
Sections techniques d'ouvriers de chemins de fer.
Service de la télégraphie.
Service de la trésorerie et des postes.
Service des ambulances.

3° TROUPES A CHEVAL.

Gendarmerie....... { Gendarmerie départementale.
Garde républicaine. }

Cavalerie.......... { Chasseurs d'Afrique.
Hussards.
Chasseurs.
Dragons.
Cuirassiers.
Cavaliers de remonte.
Spahis. }

Les troupes indigènes des colonies se placent à la gauche des troupes de leur arme.

Armée de mer.

Gendarmerie maritime.
Equipages de la flotte.
Pompiers de la marine.

Art. 116. A bord, dans l'arsenal ou sur les terrains de la marine, les troupes de l'armée de mer prennent la droite. Elles prennent la gauche à terre, hors de l'arsenal et des terrains de la marine.

Les troupes de l'armée territoriale prennent la gauche des troupes de leur arme de l'armée active.

Si les troupes doivent être formées en haie, le côté droit est déterminé par la direction que suit le cortège.

Art. 117. Dans les établissements de la marine et sur les terrains affectés au service de la marine, les officiers généraux et les états-majors de la marine ont respectivement la préséance sur les officiers généraux et les états-majors de l'armée de terre.

Art. 118. Pour rendre les honneurs, les militaires armés du fusil mettent l'arme sur l'épaule droite, baïonnette au canon (1) ; les militaires armés du sabre, de l'épée ou de la lance, se mettent au port de l'arme. Les militaires appartenant aux divers services saluent en portant la main droite à la coiffure.

Les troupes en marche et les isolés autres que les factionnaires rendent les honneurs sans mettre la baïonnette au canon.

Art. 119. Les honneurs militaires attribués aux militaires de l'armée nationale sont rendus aux militaires des armées étrangères revêtus de leur uniforme et de leurs insignes de grade.

SECTION II.

HONNEURS A RENDRE PAR LES SENTINELLES, POSTES, GARDES ET PIQUETS.

Art. 120. Les sentinelles rendent les honneurs :

Aux drapeaux et étendards ;

Aux officiers des armées de terre et de mer ;

Aux troupes en armes ;

Aux membres de la Légion d'honneur porteurs des insignes de leur décoration ;

---

(1) Conformément aux prescriptions de l'art. 96 du règlement provisoire de manœuvre d'infanterie du 1er février 1920, les honneurs sont rendus en exécutant le mouvement de « présenter l'arme ». (Circulaire du 31 mars 1920, B. O., p. 1186.)

Aux convois funèbres.

Elles gardent l'immobilité, la main dans le rang et l'arme au pied pour :

Les adjudants et assimilés ;

Les décorés de la médaille militaire porteurs de leur médaille.

Art. 121. Les postes, gardes et piquets rendent les honneurs aux drapeaux et étendards, aux officiers généraux des armées de terre et de mer et aux commandants d'armes.

Ces honneurs sont les suivants :

Aux drapeaux et étendards :

Les tambours et les clairons battent et sonnent aux champs ; les trompettes sonnent la marche ; les officiers saluent.

Aux généraux de division chargés d'inspecter un ou plusieurs corps d'armée ou d'en diriger les manœuvres ;

Aux vice-amiraux chargés d'inspecter une ou plusieurs escadres ou d'en diriger les manœuvres ;

Aux généraux de division gouverneurs de Paris ou de Lyon ;

Aux généraux de division commandants de corps d'armée ;

Aux généraux de division commandants supérieurs des troupes aux colonies (1);

Aux vice-amiraux commandants en chef à la mer ou préfets maritimes :

Les tambours et les clairons battent et sonnent aux champs ; les trompettes sonnent la marche ; les officiers saluent.

Aux généraux de division et aux vice-amiraux :

Les tambours et les clairons battent et sonnent le rappel ; les trompettes sonnent des appels ; les officiers supérieurs saluent.

Aux généraux de brigade et contre-amiraux ;

Aux commandants d'armes :

Le commandant de la troupe salue.

La garde de police prend les armes et se forme devant le poste, l'arme au pied ou le sabre au fourreau, lorsque le chef de corps rentre à la caserne ou lorsqu'il en sort.

Elle rend d'ailleurs les mêmes honneurs que les gardes de la place.

Art. 122. Toutes les fois qu'un officier général, quel que soit son grade et quelle que soit sa mission, se présente devant les

---

(1) Alinéa ajouté. (Décret du 2 août 1912.)

troupes pour en passer la revue, le commandant de ces troupes se porte au-devant de lui, le salue de l'épée ou du sabre et se tient prêt à recevoir ses ordres.

En l'accompagnant, il lui cède le côté des troupes.

SECTION III.

DES PRISES D'ARMES.

Art. 123. Aux prises d'armes les honneurs suivants sont rendus :

Au Président de la République :

Les troupes rendent les honneurs ; les tambours et clairons battent et sonnent aux champs, les trompettes sonnent la marche, les musiques jouent l'hymne national ; les drapeaux, les étendards et les officiers saluent.

Aux Ministres de la guerre et de la marine ;

Aux généraux de division commandant en chef une ou plusieurs armées ;

Aux généraux de division chargés d'inspecter un ou plusieurs corps d'armée ou d'en diriger les manœuvres ;

Aux vice-amiraux chargés d'inspecter une ou plusieurs escadres ou d'en diriger les manœuvres ;

Aux gouverneurs militaires de Paris et de Lyon ;

Aux généraux de division commandant un corps d'armée ;

Aux vice-amiraux commandant en chef à la mer ou préfets maritimes ;

Aux généraux de division commandant la région territoriale après la mobilisation :

Les troupes placées sous leur commandement ou qu'ils ont mission de voir ou d'inspecter rendent les honneurs ; les tambours et les clairons battent et sonnent aux champs, les trompettes sonnent la marche, les musiques jouent l'hymne national ; les officiers généraux, les commandants de corps de troupe quel que soit leur grade, et les officiers supérieurs saluent de l'épée ou du sabre ; pour les Ministres de la guerre et de la marine, tous les officiers saluent.

Aux généraux de division et aux vice-amiraux :

Les troupes placées sous leur commandement ou qu'ils ont mission de voir ou d'inspecter rendent les honneurs ; les tam-

bours et les clairons battent et sonnent le rappel, les trompettes sonnent des appels, les musiques jouent l'hymne national ; les officiers généraux, les commandants de corps de troupe, quel que soit leur grade, et les officiers supérieurs saluent de l'épée ou du sabre.

Aux généraux de brigade et aux contre-amiraux :

Les troupes placées sous leur commandement ou qu'ils ont mission de voir ou d'inspecter rendent les honneurs ; les musiques jouent l'hymne national ; les commandants de corps de troupe, quel que soit leur grade, saluent de l'épée ou du sabre.

Aux commandants d'armes qui ne sont pas officiers généraux :

Les troupes rendent les honneurs ; le commandant des troupes seul salue de l'épée ou du sabre.

Art. 124. A la suite des prises d'armes, les troupes défilent devant :

Le Président de la République ;

Les Ministres de la guerre et de la marine ;

Les généraux de division et vice-amiraux ;

Les généraux de brigade et contre-amiraux ;

Les chefs de corps (troupes placées sous leurs ordres) ;

Les officiers supérieurs commandants d'armes ou exerçant titulairement un commandement territorial en Algérie ou aux colonies.

Les officiers placés, à quelque titre que ce soit, à la tête d'une troupe font aussi défiler cette troupe ; mais ils commandent eux-mêmes le défilé.

Lorsque les troupes défilent, les officiers de tout grade, les commandants des troupes, rendent à la personne devant laquelle ils défilent les honneurs prescrits. Lorsqu'elles défilent devant le Président de la République, les drapeaux et étendards saluent.

Le commandant des troupes, quel que soit son grade, salue de l'épée ou du sabre la personne devant laquelle les troupes défilent.

Les officiers convoqués pour une revue sans avoir de commandement dans les troupes qui défilent ou sans être appelés à faire partie des états-majors, les officiers des armées de terre et de mer n'appartenant pas aux corps de troupe présents à la revue, mais qui y ont été convoqués par les officiers généraux commandant, ne défilent pas. Pendant la revue, ils se placent sur le terrain à la droite des troupes ; pendant le défilé, ils se groupent derrière la personne à qui les honneurs sont rendus. Dans les deux cas, ils se rangent dans l'ordre assigné aux troupes de leur arme, les chefs de service au premier rang ayant leur personnel derrière eux.

Art. 125. En toutes circonstances, l'officier qui passe une revue ou fait défiler, quel que soit son grade, salue les drapeaux et étendards en passant devant les troupes et quand elles défilent devant lui.

SECTION IV.

RENCONTRES ET VISITES.

Art. 126. Lorsqu'une troupe passe devant le drapeau, ou lorsque le drapeau passe devant une troupe arrêtée, le chef de la troupe fait rendre les honneurs et salue.

Lorsqu'une troupe passe devant un officier général, ou lorsqu'un officier général passe devant une troupe arrêtée, le chef de la troupe fait rendre les honneurs et salue.

Art. 127. Lorsque deux troupes en armes se rencontrent, elles se rendent les honneurs sans s'attendre l'une l'autre et sans arrêter la marche ; les tambours ou clairons battent ou sonnent « aux champs en marchant », les trompettes sonnent la marche ; les commandants des deux troupes se font réciproquement le salut des armes.

Les deux troupes prennent chacune leur droite. En cas d'encombrement, les troupes à cheval se rangent et laissent passer les troupes à pied.

Art. 128. Lorsqu'une troupe se trouve en présence d'un convoi funèbre, le commandant de la troupe fait rendre les honneurs ; si elle est en marche, elle rend les honneurs sans arrêter la marche.

Art. 129. Le commandant d'une troupe en marche qui rencontre un supérieur du grade d'officier salue, s'il est officier de l'épée ou du sabre ; s'il est homme de troupe, il salue en se conformant à l'article 118 et en tournant la tête du côté du supérieur. S'il a l'épée ou le sabre au fourreau ou si la troupe est sans armes, il salue en portant la main droite à la coiffure.

Art. 130. Tout militaire ou marin isolé passant devant le dra-peau le salue.

En passant devant le drapeau, devant un officier ou devant une troupe en armes, les hommes de troupe à pied marchant isolément en armes rendent les honneurs dans les formes pres-crites à l'article 118 ; les hommes de troupe à cheval saluent.

Art. 131. Dans les armées de terre et de mer, les officiers généraux et hauts fonctionnaires des divers services se font réciproquement des visites lorsqu'ils prennent possession de leur commandement.

Il en est de même lorsqu'ils arrivent en mission, à moins d'ordres spéciaux du Ministre et sous réserve, dans ce cas, des prescriptions de l'article 43.

La visite est faite par l'inférieur en grade et, à égalité de grade, par l'arrivant.

Les vice amiraux préfets maritimes reçoivent la première visite dans les ports militaires chefs-lieux d'arrondissement ma-ritime. Les généraux de division commandants de corps d'armée la reçoivent dans toute autre place de leur région.

Le vice-amiral chargé d'inspecter une ou plusieurs escadres et d'en diriger les manœuvres, en arrivant dans un port où se trouve le commandant de corps d'armée, reçoit la première visite de cet officier général. Dans les mêmes circonstances, les vice-amiraux commandant en chef d'escadre ou de division doivent cette première visite. Ils la reçoivent de tout autre général de division en l'absence du commandant du corps d'armée.

Le général de division chargé d'inspecter un ou plusieurs corps d'armée ou d'en diriger les manœuvres, arrivant dans un port où se trouve le préfet maritime, reçoit la première visite de cet officier général.

Des visites sont échangées d'après les règles ci-dessus entre le commandant d'armes et le commandant d'une force navale ou d'un bâtiment isolé lorsque l'état du temps et les distances permettent les communications et que le séjour de la force na-vale ou du bâtiment dépasse vingt-quatre heures.

Si l'officier de marine arrivant doit recevoir la première vi-site du commandant d'armes, il lui envoie un officier pour l'in-former de son arrivée et convenir du jour et de l'heure de la visite et met à sa disposition, si ce dernier le demande, une embarcation pour qu'il se rende à bord.

Les visites prescrites par le présent article doivent être rendues dans les vingt-quatre heures.

Les officiers de tout grade de terre et de mer ont la faculté de déléguer, pour rendre la visite qu'ils ont reçue, un des officiers sous leurs ordres, pourvu que cet officier soit d'un grade égal à celui de l'officier qui a fait la première visite.

Pendant une année, à partir de la date des visites échangées dans les conditions ci-dessus indiquées, les officiers de terre et de mer sont dispensés de les renouveler.

Art. 132. Tout officier, fonctionnaire ou employé ayant rang d'officier, venant prendre possession d'un emploi dans une place ou dans un port, doit, à son arrivée, faire une visite aux officiers sous les ordres directs desquels il est placé.

Dans les mêmes circonstances, les officiers généraux et supérieurs et les fonctionnaires assimilés des armées de terre et de mer font une visite au commandant d'armes, s'ils sont d'un grade égal ou inférieur au sien. S'ils sont d'un grade plus élevé, ils l'avisent par écrit de leur arrivée.

Les officiers, fonctionnaires ou employés en mission font une visite au commandant d'armes s'il est d'un grade égal ou supérieur au leur et, sous les mêmes conditions, aux chefs de service que leur mission concerne. Le Ministre peut les dispenser de faire ces visites, mais sous réserve, dans ce cas, des prescriptions de l'article 43.

Les visites prévues au présent article ne sont pas rendues.

Art. 133. Lorsque des bâtiments de guerre étrangers, à leur arrivée dans un des ports ou sur une des rades du littoral, saluent le pavillon national, ce salut est rendu, dans les conditions déterminées par le commandant d'armes, coup pour coup, sans toutefois que le nombre de coups de canon puisse dépasser vingt et un.

Les forts ou batteries chargés de rendre les salves ont le pavillon français hissé en tête du mât.

Les officiers de terre et de mer rendent aux officiers des marines étrangères leur visite officielle dans les vingt-quatre heures, soit personnellement, soit en se faisant représenter par un officier délégué à cet effet ; cet officier doit être d'un grade au moins égal à celui de l'officier étranger qui a fait les visites.

Art. 134. Les visites prescrites par les articles 131 et 132 se font en tenue du jour (1), celles qui sont prévues à l'article 133 se font en grande tenue.

---

(1) Voir page 206 la circulaire interprétative du 17 juin 1910.

SECTION V.

HONNEURS FUNÈBRES.

Art. 135. Des détachements assistent aux obsèques des officiers généraux des armées de terre et de mer de la 1re section du cadre de l'état-major de l'armée ; ils ont les effectifs suivants :

Pour un général de division commandant un corps d'armée ou un vice-amiral préfet maritime : les deux tiers de la garnison ;

Pour un général de division ou un vice-amiral : la moitié de la garnison ;

Pour un général de brigade ou un contre-amiral : le tiers de la garnison.

Les mêmes honneurs funèbres sont rendus aux officiers généraux et fonctionnaires des différents services de la guerre et de la marine titulaires de grades correspondant à ceux de généraux de division ou vice-amiraux et de généraux de brigade et contre-amiraux, d'après la correspondance de leur grade avec ceux du général de division et du général de brigade.

Les contrôleurs généraux de 1re classe de l'administration de la guerre et de la marine et les inspecteurs généraux de 1re classe des colonies reçoivent les honneurs funèbres dus aux généraux de division ; les contrôleurs généraux de 2e classe de l'administration de la guerre et de la marine et les inspecteurs généraux de 2e classe des colonies reçoivent les honneurs funèbres dus aux généraux de brigade.

Art. 136. Pour le calcul de l'effectif des détachements prévus à l'article précédent, la garnison n'est considérée que comme étant au maximum d'une division.

Dans les villes qui n'ont pour garnison qu'un régiment ou une fraction de régiment, toutes les troupes prennent les armes.

L'effectif des détachements en armes commandés pour rendre les honneurs funèbres est calculé à raison de quatre-vingts hommes par compagnie, escadron ou batterie.

Art. 137. Les honneurs funèbres attribués aux militaires et marins des grades non spécifiés à l'article 135, décédés en activité de service, sont rendus par des députations de militaires ou de marins fixées comme suit :

DÉPUTATIONS.

Colonel, capitaine de vaisseau ou officier de grade correspondant.	3 officiers supérieurs. 3 capitaines ou officiers de grade correspondant. 3 lieutenants ou officiers de grade correspondant.
Lieutenant-colonel, capitaine de frégate ou officier de grade correspondant.	2 officiers supérieurs. 2 capitaines ou officiers de grade correspondant. 2 lieutenants ou officiers de grade correspondant.
Chef de bataillon ou officier de grade correspondant.	2 officiers supérieurs. 2 capitaines ou officiers de grade correspondant. 1 lieutenant ou officier de grade correspondant.
Capitaine, lieutenant de vaisseau ou officier de grade correspondant.	2 capitaines ou officiers de grade correspondant. 2 lieutenants ou officiers de grade correspondant.
Lieutenant, enseigne de vaisseau, sous-lieutenant, aspirant de 1re classe.	3 lieutenants ou sous-lieutenants ou officiers de grade correspondant.
Aspirant de 2e classe; officier marinier et sous-officier rengagé; militaire ou marin, chevalier de la Légion d'honneur ou décoré de la médaille militaire.	2 sous-officiers ou officiers mariniers et 1 homme de troupe ou marin, l'un des trois étant, dans le dernier cas, chevalier de la Légion d'honneur ou décoré de la médaille militaire.
Sous-officier non compris dans les catégories ci-dessus.	2 sous-officiers ou officiers mariniers.
Homme de troupe ou marin rengagé.	1 sous-officier ou officier marinier. 1 homme de troupe ou marin.
Homme de troupe ou marin non rengagé. .	2 hommes de troupe ou marins.

Les députations indiquées ci-dessus se rendent au lieu fixé pour la levée du corps et accompagnent le convoi jusqu'au cimetière.

Les contrôleurs et les contrôleurs adjoints de l'administration de la guerre et les inspecteurs et les inspecteurs adjoints des colonies reçoivent les honneurs dus aux colonels, lieutenants-colonels, chefs de bataillon et capitaines.

Art. 138. Lorsque les militaires des grades prévus à l'article précédent appartiennent à un corps de troupe et que leurs obsèques ont lieu au siège de leur commandement ou de leur garnison, les honneurs funèbres sont rendus par des détachements fournis par les corps, groupes ou unités à la tête desquels le défunt était placé où dont il faisait partie et fixés comme suit :

DÉTACHEMENTS EN ARMES.

Colonel. . . :	Le régiment (avec le drapeau et la musique).
Lieutenant-colonel.	Un demi-régiment.
Chef de bataillon ou d'escadrons.	1 bataillon, ou 2 escadrons, ou 2 batteries.
Capitaine.	1 compagnie, ou 1 escadron, ou 1 batterie.
Lieutenant.	1/2 compagnie, ou 1/2 escadron, ou 1/2 batterie.
Sous-officier rengagé; homme de troupe chevalier de la Légion d'honneur ou décoré de la médaille militaire.	20 hommes, commandés par un sous-officier rengagé.
Sous-officier; homme de troupe rengagé. .	12 hommes, commandés par un sous-officier.
Homme de troupe non rengagé.	8 hommes, commandés par un caporal ou brigadier.

Les dispositions du présent article sont applicables à tous les militaires de l'armée de terre, décédés aux colonies, alors qu'ils étaient en activité de service. Toutefois, les drapeaux et musiques n'assistent qu'aux obsèques des colonels, et, en outre, des lieutenants-colonels, commandant un régiment ou bataillon formant corps, dont les funérailles ont lieu au siège de leur commandement (1).

Les corps devant fournir les détachements sont, le cas échéant, désignés par le commandant d'armes (1).

Art. 139. Lorsque les marins et militaires de l'armée de mer des grades prévus à l'article 137 sont embarqués ou appartiennent à un corps de troupe et que leurs obsèques ont lieu au port où stationne le navire ou le corps de troupe auxquels ils appartiennent, les honneurs funèbres sont rendus par des détachements fournis par la force navale ou le corps de troupe dont le défunt faisait partie et fixés comme suit :

DÉTACHEMENTS EN ARMES.

Capitaine de vaisseau ou officier de grade correspondant.	4 compagnies.
Capitaine de frégate ou officier de grade correspondant.	2 compagnies.

---

(1) Alinéa ajouté. (Décret du 2 août 1912.)

Officier supérieur de grade correspondant à celui de chef de bataillon..............	1 compagnie.
Lieutenant de vaisseau ou officier de grade correspondant.	1/2 compagnie.
Enseigne de vaisseau, aspirant de 1" classe ou officier de grade correspondant......	1 section.
Aspirant de 2' classe....................	
Officier marinier ou sous-officier rengagé; militaire ou marin chevalier de la Légion d'honneur ou décoré de la médaille militaire.	1/2 section.
Marin ou militaire autres que ceux qui sont désignés ci-dessus.	8 hommes.

Les contrôleurs et les contrôleurs adjoints de la marine reçoivent les mêmes honneurs que les capitaines de vaisseau, capitaines de frégate et officiers supérieurs de grade correspondant à celui de chef de bataillon.

Les dispositions du présent article sont applicables à tous les militaires et marins de l'armée de mer décédés aux colonies, alors qu'ils étaient en activité de service (1).

Les corps devant compléter les détachements en cas d'insuffisance numérique des troupes de l'armée de mer sont désignés par le commandant d'armes (1).

Art. 140. Les militaires des réserves reçoivent, lorsqu'ils décèdent sous les drapeaux, les mêmes honneurs que les militaires de l'armée active. Dans toute autre circonstance, ils ne reçoivent aucun honneur au titre militaire.

Art. 141. Les troupes commandées pour rendre les honneurs funèbres prévus aux articles 135, 138 et 139, sont conduites au lieu fixé pour la levée du corps. A la levée du corps, elles rendent les honneurs correspondant au grade du défunt. Elles accompagnent ensuite le corps jusqu'au cimetière.

Elles marchent en colonne, l'arme sur l'épaule, partie en avant partie en arrière du char funèbre.

Les deux colonnes sont reliées par deux détachements marchant en file à droite et à gauche du char et des voitures de deuil. Les hommes marchant en file ont l'arme sous le bras droit. Les drapeaux et étendards sont voilés d'un crêpe ; les tambours sont couverts d'étoffe noire; les clairons et trompettes ont des sourdines et des crêpes.

Sur le char funèbre sont déposés les insignes, armes et décorations du défunt. S'il était officier général ou officier supérieur

---

(1) Alinéa ajouté. (Décret du 2 août 1912.)

chef de corps, son cheval de bataille, dont le harnachement est couvert d'un voile noir, est conduit derrière le char.

A l'arrivée au cimetière, les troupes rendent les mêmes honneurs qu'à la maison mortuaire. Elles sont ensuite reconduites à leurs quartiers (1).

Art. 142. Les honneurs funèbres militaires que reçoivent les personnes autres que les militaires et marins dénommés aux articles 135, 138 et 139 sont rendus au lieu fixé pour la levée du corps. Jusqu'à ce que le cortège ait défilé, les troupes ont l'arme sur l'épaule ; les tambours, clairons ou trompettes battent ou sonnent une marche funèbre (1).

Art 143. Un décret peut ordonner que les honneurs funèbres soient rendus jusqu'au lieu où se terminent les cérémonies funèbres à des fonctionnaires autres que les militaires ou marins morts soit en activité de service, soit après cessation de leurs fonctions.

Art. 144. Les officiers portent pendant un mois le deuil de leur chef de corps.

Le deuil militaire comporte un crêpe à l'épée, le deuil de famille un crêpe au bras gauche.

Art. 145. Les troupes ne sont déplacées, pour rendre les honneurs funèbres, qu'en vertu d'un ordre du Ministre de la guerre.

Lorsque le corps est transporté d'un lieu dans un autre, les honneurs funèbres ne sont rendus qu'une fois, à moins d'ordre spécial du Ministre de la guerre.

Art. 146. Le commandant d'armes décide si les honneurs seront rendus par des troupes à pied ou par des troupes à cheval. Quand les troupes à cheval remplacent l'infanterie, elles font le service à pied (2).

---

(1) Afin d'assurer l'exécution des prescriptions contenues dans les articles 141 et 142 du décret du 7 octobre 1909 sur le service de place, le Ministre a décidé que l'instruction du 18 juin 1912 sur les batteries et sonneries serait complétée par deux marches funèbres pour tambours, trompettes et clairons, qui trouveront place à la suite des marches pour tambours et clairons (p. 78) et des marches pour trompettes (p. 112).

Quant aux musiques militaires assistant à des obsèques, elles joueront, en alternant avec les tambours, trompettes et clairons, des marches funèbres dont le choix est laissé à l'appréciation des chefs de musique. (Circulaire du 27 mai 1913, B. O., P., p. 680.)

(2) Voir page 213, la circulaire du 18 octobre 1921 (B. O., p. 3466).

DEUXIÈME PARTIE.

Service de défense.

CHAPITRE VII.

De l'état de guerre.

Art. 147. Dès la publication de l'ordre de mobilisation, dans les places non pourvues de gouverneur en temps de paix, le gouverneur désigné ou le suppléant prévu à l'article 90 prend les fonctions de gouverneur.

Dans toutes les places, le gouverneur, ou son suppléant, exerce les attributions de commandant d'armes.

Les gouverneurs correspondent directement avec le commandant du territoire et avec le commandant en chef dans la zone d'opérations duquel se trouvent leurs places.

Toutefois, les gouverneurs autres que les commandants supérieurs de la place principale du groupe tiennent, tant que les circonstances le permettent, celui-ci au courant de toutes les mesures qu'ils ont l'intention de prendre pour l'organisation défensive de leur place et de tout ce qui intéresse, en général, la défense du territoire. Si le territoire sur lequel est située leur place n'est pas directement menacé par l'ennemi, ils ne passent à l'exécution de ces mesures qu'avec l'autorisation du commandant supérieur.

Les troupes qui ne font pas partie de la garnison de défense sont considérées comme étant de passage dans la place.

Le gouverneur pourvoit aux nominations que nécessite l'organisation de la défense pour les emplois de commandant des forts et des autres ouvrages dépendant de la place.

Il a autorité sur les officiers du même grade, quelle que soit son ancienneté.

Il constitue le conseil de défense prévu à l'article 166 et réunit le conseil de surveillance des approvisionnements de siège visé à l'article 168.

Le service et la police sont soumis aux règles générales établies pour le temps de paix.

Toutefois, l'autorité civile ne rend aucune ordonnance de police qu'après entente avec le gouverneur et prend les arrêtés que celui-ci juge nécessaires à la sûreté de la place dans l'étendue de 10 kilomètres à partir des ouvrages permanents les plus avancés.

Le gouverneur met à exécution celles des dispositions prévues au plan de mobilisation qui se rapportent à l'état de guerre.

Les pompiers de la place passent avec leur matériel sous l'autorité directe du gouverneur, qui règle le service d'incendie de concert avec le chef du génie et l'autorité civile.

Art. 148. Si le gouverneur est empêché de remplir ses fonctions, il est remplacé par son adjoint, si celui-ci est officier général et s'il n'y a pas d'officier général d'un grade supérieur employé dans la garnison. S'il y a un officier général employé dans la place d'un grade supérieur à celui de l'adjoint, cet officier général remplace le gouverneur. A défaut d'adjoint, le gouverneur est suppléé par le plus élevé en grade ou, à égalité de grade, par le plus ancien des officiers de la garnison appartenant ou ayant appartenu comme officier à l'armée active, à l'exclusion de tout autre officier, même d'un grade plus élevé, qui se trouverait éventuellement dans la place.

Dans les points d'appui de la flotte, l'officier de marine adjoint désigné concourt, suivant son grade et son ancienneté, avec les autres officiers de la garnison de défense pour remplacer le commandant de la défense absent ou empêché (1).

Art. 149. Le préfet maritime empêché est remplacé comme gouverneur par celui de ses adjoints qui est le plus ancien dans le grade le plus élevé, s'il n'y a pas d'officier général de l'armée de terre ou de marine d'un grade supérieur employé dans la garnison.

En cas d'empêchement simultané des deux adjoints, il est suppléé comme gouverneur par l'officier le plus élevé en grade, ou, à égalité de grade, par l'officier le plus ancien parmi les officiers de l'armée de terre de la garnison et les officiers de marine affectés à la place appartenant ou ayant appartenu à l'armée active, à l'exclusion de tout autre officier, même d'un grade plus élevé, qui se trouverait éventuellement dans la place.

Les fonctions de préfet maritime sont remplies par l'officier de marine le plus ancien dans le grade le plus élevé (2).

---

(1) Alinéa ajouté. (Décret du 2 août 1912.)
(2) Texte nouveau. (Décret du 28 avril 1914, B. O., p. 818.)

Art. 150. Les gouverneurs des places situées dans la zone d'opérations d'un groupe d'armées ou d'une armée opérant isolément sont sous les ordres du commandant en chef.

Le commandant en chef peut, dans sa zone d'opération, nommer les gouverneurs des places menacées qui en seraient dépourvues.

Il peut de même, au besoin, changer le gouverneur d'une place, mais seulement lorsque toute communication avec le Ministre de la guerre est interrompue. Il est rendu compte de ces nominations au Ministre de la guerre dès que les communications sont rétablies.

Les préfets maritimes gouverneurs ne peuvent être relevés de leur commandement que par décret.

Art. 151. Le commandant en chef ne peut enlever à une place sous ses ordres aucune fraction de la garnison de défense déterminée par le Ministre.

Il peut, toutefois, associer temporairement une partie de la garnison à ses opérations, sous la condition de laisser dans la place des effectifs suffisants pour en assurer la sûreté ; mais, si le gouverneur juge que cette mesure est de nature à compromettre la conservation de la place dont il a la responsabilité, il soumet, par écrit, ses observations au commandant en chef qui, s'il passe outre, est tenu de lui délivrer un ordre écrit.

Le commandant en chef ne doit pas toucher aux approvisionnements de guerre ou de bouche qui forment la dotation normale de la place, ni requérir autour la place dans les zones de réquisitions que le plan de ravitaillement approuvé par le Ministre réserve au gouverneur.

Art. 152. Lorsque la place est menacée d'un siège, le gouverneur est tenu d'éloigner sa famille et celle des officiers et sous-officiers des troupes affectées à la défense.

Si le Ministre en donne l'ordre, ou si les troupes ennemies se rapprochent à moins de cent kilomètres de la place, le gouverneur est investi du pouvoir nécessaire pour prendre, soit sur l'invitation du commandant en chef, soit de sa propre autorité, et sans attendre l'état de siège, les mesures suivantes :

1° Faire sortir les personnes dangereuses ou inutiles à la défense ;

2° Faire introduire ou maintenir dans la place toute personne ou tous objets ou denrées utiles à la défense ;

3° Faire détruire à l'intérieur de la place tout ce qui peut gêner la circulation des troupes et du matériel ; à l'extérieur, tout ce qui peut offrir un couvert à l'ennemi et abréger ses travaux d'approche.

Art. 153. Si un parlementaire se présente à un poste, le chef du poste ne le laisse approcher qu'après avoir pris les ordres du gouverneur.

Si des déserteurs venant de l'ennemi demandent à entrer dans la place, le chef de poste avancé les fait désarmer et accompagner au poste principal, d'où ils sont conduits chez le gouverneur.

Lorsqu'il se présente des voitures aux portes, le chef de poste les fait visiter en sa présence.

Art. 154. Le gouverneur, les officiers généraux, les officiers supérieurs chefs de corps et de détachement, les commandants de l'artillerie et du génie, le commandant du front de mer dans les places maritimes, le chef du service de l'intendance et le chef du service de santé tiennent chacun un journal sur lequel ils inscrivent chaque jour, par ordre de dates, sans aucun blanc ni interligne, ni grattage, ni surcharge, la copie littérale des ordres qu'ils reçoivent et de ceux qu'ils donnent, avec des renseignements sur le mode d'exécution de ces ordres, sur leurs résultats et, enfin, sur toutes les circonstances propres à faire connaître la marche de la défense. Des registres semblables sont tenus dans les forts détachés, suivant les instructions du gouverneur dont ils dépendent.

Dans les points d'appui de la flotte aux colonies, ce registre est aussi tenu par l'officier de marine adjoint au commandant de la défense.

Le registre du gouverneur est coté et parafé, dès le temps de paix, par un fonctionnaire de l'intendance. Les registres des chefs de service sont cotés et parafés par le gouverneur dès qu'il prend le commandement de la place. Chacun d'eux veille, sous sa responsabilité personnelle, à la conservation de son journal.

Ce journal est ouvert le jour même où commence l'état de guerre.

CHAPITRE VIII.

De l'état de siège.

SECTION I.

DISPOSITIONS GÉNÉRALES.

Art. 155. L'état de siège est déclaré dans les circonstances prévues et sous les conditions édictées par la loi du 3 avril 1878

La déclaration de l'état de siège peut être faite par les commandants militaires conformément à l'article 11 de la loi du 10 juillet 1791 et à l'article 53 du décret du 24 décembre 1811 (1), dans les cas particuliers suivants :

1° L'investissement de la place ou d'un poste par des troupes ennemies qui interceptent les communications du dehors au dedans et du dedans au dehors ;

2° Attaque de vive force ou par surprise ;

3° Sédition intérieure de nature à compromettre la sécurité de la place ;

4° Enfin lorsque des rassemblements armés se sont formés dans un rayon de 10 kilomètres sans autorisation.

Le Ministre de la guerre est immédiatement informé.

Quand les circonstances qui l'ont fait déclarer ont cessé, l'état de siège est levé par l'autorité qui l'a établi.

Art. 155 bis (2). Aux colonies, la déclaration de l'état de siège est faite par le gouverneur général ou gouverneur dans les conditions prévues par l'article 4 de la loi du 9 août 1849. Dans les cas particuliers mentionnés à l'article 155, elle peut être faite par le commandant d'une subdivision territoriale, d'une place de guerre ou d'un poste militaire, conformément à l'article 5 de la loi du 9 août 1849, à charge d'en rendre compte immédiatement au gouverneur général ou gouverneur de la colonie.

---

(1) Voir pages 98 et 102 les lois du 9 août 1849, art. 5, et du 3 avril 1878, art. 6.

(2) Article ajouté. (Décret du 2 août 1912.)

SECTION II.

COMMANDEMENT.

Art. 156. Pendant la durée de l'état de siège, le gouverneur fait occuper les terrains, ordonne les démolitions, prescrit les mesures de défense qu'il juge nécessaires pour assurer la conservation de la place.

Art. 157. Aussitôt l'état de siège déclaré, les pouvoirs dont l'autorité civile était revêtue pour le maintien de l'ordre et de la police passent tout entiers à l'autorité militaire.

L'autorité civile continue néanmoins d'exercer ceux de ces pouvoirs dont l'autorité militaire ne l'a pas dessaisie (1).

En cas de blocus ou d'investissement, le gouverneur exerce son action sur tout le territoire bloqué ou investi.

Le gouverneur fait connaître que les crimes et délits dont il ne croit pas devoir saisir les tribunaux ordinaires seront jugés par les tribunaux militaires, quelle que soit la qualité des prévenus, dans les cas prévus par les articles 8 et 10 de la loi du 9 août 1849 (2).

Il a autorité sur les officiers du même grade, quelle que soit leur ancienneté. Son autorité s'étend à l'administration intérieure des corps et aux divers services.

Art. 158. Lorsque des troupes, des officiers isolés ne faisant pas partie de la garnison, d'un grade égal ou inférieur à celui du gouverneur, se trouvent enfermés dans une place bloquée ou assiégée, le gouverneur en dispose et les fait concourir au service de la défense.

Si le commandant des troupes qui ne font pas partie de la garnison est d'un grade supérieur à celui du gouverneur, il ne peut entreprendre aucune opération militaire dans le périmètre de la place sans l'assentiment du gouverneur ni se dispenser de déférer aux réquisitions qu'il reçoit de ce dernier, qui seul est responsable du sort de la place.

Toutefois, quand il estime que les intérêts de la défense n'en seront pas compromis, le gouverneur a le devoir de faciliter à ces troupes ou à ces officiers l'accomplissement de la mission dont ils étaient chargés.

---

(1) Loi du 9 août 1849, art. 7.
(2) Voir pages 99 et 100 les articles 8 et 10 de la loi du 9 août 1849.

Ces officiers ou ces troupes se rendent à leur destination dès que le blocus ou le siège est levé et quand la position de l'ennemi leur permet de poursuivre leur route.

Art. 159. Le gouverneur d'une place ne doit jamais perdre de vue qu'en retardant, fût-ce d'un seul jour, la reddition de sa place, il peut assurer le salut du pays.

Il est seul responsable de la place ; il la défend, à moins d'avoir reçu des ordres supérieurs, sans avoir d'autre règle que son appréciation personnelle et sans se croire lié par les prévisions établies au plan de défense.

Le gouverneur ne doit pas oublier que la loi punit de la peine de mort, avec dégradation militaire, tout gouverneur ou commandant d'une place de guerre reconnu coupable d'avoir capitulé sans avoir épuisé tous les moyens de défense dont il disposait et sans avoir fait tout ce que prescrivaient le devoir et l'honneur (1).

Art. 160. Lorsque le gouverneur juge que le dernier terme de la résistance est arrivé, il consulte le conseil de défense prévu à l'article 166 sur les moyens de prolonger le siège. Il recueille les opinions des membres du conseil en commençant par le moins élevé en grade. Ces opinions sont consignées nominativement au registre des délibérations.

Le gouverneur, le conseil entendu et la séance levée, prend, seul, en s'inspirant de l'avis le plus énergique, s'il n'est absolument impraticable, les résolutions que le sentiment de son devoir et de sa responsabilité lui suggère.

S'il se prononce pour la capitulation, il décide, sans consulter le conseil de défense et sous sa responsabilité, de l'époque et des termes de la capitulation.

Jusqu'à ce moment, il n'a avec l'ennemi que les communications indispensables ; il ne sort jamais de la place pour parlementer.

Dans la capitulation, il n'accepte pas de clauses ayant pour conséquence de le séparer de ses officiers et de ses troupes, dont il partage le sort après comme pendant le siège. Il s'efforce particulièrement d'améliorer les conditions faites aux soldats, et de stipuler, pour les blessés et les malades, les clauses d'exception et de faveur qu'il peut obtenir.

En aucun cas, il ne rend la place avant d'avoir détruit les drapeaux.

La capitulation ne comprend pas nécessairement tous les forts qui dépendent de la place.

---

(1) Code de justice militaire, art. 209, vol. 56.

Art. 161. Tout officier qui a perdu la place dont le commandement lui était confié est soumis à une enquête

Art 162. Le conseil chargé de cette enquête est composé, quel que soit le grade de l'officier qui commandait la place, d'un général de division ou d'un vice-amiral, président, et de quatre autres officiers généraux, dont un de l'artillerie et un du génie.

Si le conseil d'enquête acquiert la preuve que la reddition de la place a eu pour cause l'insuffisance ou le mauvais emploi des approvisionnements qui sont du ressort de l'administration militaire, il demande au Ministre l'adjonction d'un intendant général ou d'un intendant, qui a voix consultative.

Ne peuvent faire partie du conseil les officiers généraux appartenant aux armées dont les opérations ont été liées au sort de la place, ceux de la région territoriale, ceux qui appartenaient à la garnison de la place ou qui y ont été enfermés à un titre quelconque.

Le conseil choisit parmi ses membres le rapporteur, qui conserve voix délibérative.

Art. 163. Le Ministre de la guerre envoie au président du conseil d'enquête le registre des délibérations du conseil de défense, celui du comité de surveillance des approvisionnements de siège, le journal du gouverneur, ceux des officiers commandant l'artillerie et le génie, des chefs du service de l'intendance et de santé, ainsi que tous les rapports et documents particuliers qu'il juge utile de communiquer et ceux dont le conseil croit devoir demander la communication.

Le conseil s'assure de l'état dans lequel était la place au moment où elle a été assiégée ; il examine si le gouverneur s'est conformé aux instructions qu'il avait reçues, s'il a observé les règles de la défense des places et s'il a prolongé sa résistance jusqu'à la dernière extrémité par tous les moyens qui étaient en son pouvoir.

Dans le cas où la place s'est rendue par suite de l'épuisement complet de ses vivres, le conseil examine si le gouverneur a tout fait pour compléter, conserver et ménager ses approvisionnements.

Le président cite à comparaître l'officier qui est soumis à l'enquête, les chefs des divers services et toutes les personnes employées dans la place dont le conseil croit devoir entendre les dépositions. Les citations sont faites dans les formes prescrites pour celles des conseils de guerre.

Le rapporteur rédige, après chaque séance, un procès-verbal qui est signé par tous les membres du conseil ; ceux-ci sont tenus de garder le secret sur les incidents et le résultat de leurs délibérations.

Art. 164. Le conseil d'enquête se borne à donner son avis motivé sur les conditions de reddition de la place, en indiquant ce qui, dans la conduite de la défense, lui paraît mériter l'éloge ou le blâme.

Cet avis se forme à la majorité des voix ; il est signé par tous les membres du conseil ; ceux qui constituent la minorité peuvent consigner leur opinion sur le registre.

L'avis du conseil est envoyé par le président, avec le dossier, au Ministre de la guerre.

Le Président de la République décide, sur la proposition du Ministre de la guerre, s'il y a lieu de saisir la juridiction militaire.

Art. 165. Tout officier commandant une place assiégée qui l'a conservée malgré les efforts de l'ennemi reçoit, en présence des troupes, la récompense due à ses services.

Le même honneur est accordé aux militaires qui se sont signalés dans la défense.

Tout officier commandant une place, tué dans l'accomplissement de son devoir, ou mort de ses blessures après une défense honorable, est inhumé avec des honneurs spéciaux que le Gouvernement détermine. Le Gouvernement propose aux Chambres d'accorder à sa famille une pension spéciale à titre de récompense nationale, conformément aux dispositions de l'article 23 de la loi du 11 avril 1831, et de décider que ses enfants seront élevés aux frais de la nation.

Les batteries et les ouvrages extérieurs des places de guerre reçoivent les noms des officiers et des militaires sous leurs ordres qui se sont honorés pendant la défense des places.

Les citoyens qui se sont distingués en concourant à cette défense reçoivent également des témoignages publics de la reconnaissance de la patrie.

SECTION III.

CONSEIL DE DÉFENSE.

Art. 166. Le conseil de défense d'une place en état de siège est composé comme il suit :

Le gouverneur, président;

L'adjoint au gouverneur, s'il y a lieu;

L'officier commandant l'artillerie;

L'officier commandant le génie;

Les deux plus anciens colonels des troupes de la garnison;

A défaut de colonels, l'officier le plus ancien dans le grade le plus élevé parmi ceux qui appartiennent à d'autres corps. Lorsque la garnison n'est formée que d'un seul corps, le commandant de ce corps remplace au conseil de défense les deux officiers de troupe ci-dessus désignés;

Le chef d'état-major du gouvernement de la place forte, secrétaire, avec voix consultative.

Dans une place de guerre du littoral autre qu'une place de guerre chef-lieu d'arrondissement maritime, l'officier de marine commandant le front de mer fait également partie du conseil de défense.

Dans une place de guerre chef-lieu d'arrondissement maritime, le conseil de défense est composé comme il suit :

Le préfet maritime gouverneur, président;

Ses adjoints;

Le major général;

Le chef d'état-major de l'arrondissement maritime;

L'officier commandant l'artillerie;

L'officier de marine commandant l'artillerie du front de mer, s'il y a lieu;

L'officier commandant le génie;

Le plus ancien colonel des troupes de la garnison et le plus ancien capitaine de vaisseau pourvu d'un commandement de marine à terre; à défaut, les deux plus anciens officiers dans le grade le plus élevé remplissant les mêmes conditions de commandement;

Le chef d'état-major du gouvernement de la place forte, secrétaire, avec voix consultative.

Assistent aux séances du conseil, avec voix consultative, dans les places de terre ou les places du littoral autres que les places de guerre chefs-lieux d'arrondissements maritimes, le chef du service de l'intendance et le chef du service de santé; dans les places de guerre chefs-lieux d'arrondissements maritimes, le commissaire général de la marine et les chefs du service de l'intendance de l'armée de terre, le médecin de la marine et le médecin de l'armée de terre le plus ancien dans le grade le plus élevé.

Si l'un des membres du conseil est empêché, il est remplacé par l'officier qui marche après lui et qui le supplée dans ses fonctions.

S'il y a dans la place un officier général en service, il fait partie du conseil; s'il y en a plusieurs, le plus ancien dans le grade le plus élevé y est appelé de droit.

Le commandant en chef des forces navales qui se trouvent en rade d'une place du littoral peut assister aux séances du conseil avec voix consultative (1).

Art. 166 *bis* (2). Dans une place de guerre, point d'appui de la flotte aux colonies, le conseil de défense est composé ainsi qu'il suit :

Le commandant de la défense, président;

Le commandant de la marine, ou, à défaut, le plus ancien des officiers de marine, exerçant un commandement à terre;

Le plus ancien dans le grade le plus élevé des officiers des troupes d'infanterie de la garnison de défense;

Le commandant de l'artillerie de la place;

Le directeur ou chef de service de l'artillerie;

L'officier de marine adjoint au commandant de la défense;

Le chef d'état-major du commandement de la défense, secrétaire avec voix consultative.

Assistent aux séances du conseil avec voix consultative, les chefs du service de l'intendance et du service de santé de la place, le chef du service du commissariat de la marine, et le plus ancien dans le grade le plus élevé des médecins de la marine.

Le commandant d'une force navale qui se trouve en rade dans une place point d'appui de la flotte aux colonies peut assister aux séances du conseil avec voix consultative.

---

(1) Texte nouveau. (Décret du 28 avril 1914, B. O., p. 818.)
(2) Article ajouté. (Décret du 2 août 1912.)

Art. 167. Le conseil de défense ne peut être réuni qu'en exécution d'un ordre écrit du gouverneur. Il ne peut délibérer que si tous les membres qui le composent, ou leurs suppléants, sont présents.

Les procès-verbaux des séances, où chacun des membres peut faire consigner son opinion avec les développements qu'il juge utiles, sont rédigés séance tenante. Ils sont inscrits sans délai au registre des délibérations et signés par tous les membres du conseil. Ces dispositions s'appliquent également aux membres ayant voix consultative.

Le gouverneur, le conseil entendu et la séance levée, décide seul et sans avoir à se conformer aux avis de la majorité.

Les membres du conseil de défense gardent le secret sur toutes les questions qui ont été mises en délibération devant eux.

Le registre des délibérations du conseil de défense, coté et parafé par le général commandant la région de corps d'armée, est sous la garde personnelle du gouverneur, qui n'en donne communication qu'aux membres du conseil et seulement lorsqu'ils sont en séance. Ce registre ne doit porter aucune trace de grattage ou de surcharge. Les mots rayés le sont de manière à rester lisibles. Les ratures et les renvois sont approuvés.

SECTION IV.

COMITÉ DE SURVEILLANCE DES APPROVISIONNEMENTS DE SIÈGE.

Art. 168. Un comité de surveillance des approvisionnements de siège entre en fonctions dès que les dispositions du plan de ravitaillement deviennent exécutoires.

Il est composé comme suit :

Le gouverneur, président;

L'adjoint au gouverneur, dans les places où cet emploi existe;

Le chef d'état-major de la défense, dans les places où cet emploi existe;

L'officier commandant l'artillerie;

L'officier commandant le génie;

Le chef du service de l'intendance;

Le chef du service de santé;

Le maire de la localité principale et un conseiller municipal désigné par le conseil municipal;

Un conseiller général ou un conseiller d'arrondissement

destiné à représenter les communes autres que la localité principale et désigné par le gouverneur;

Le président et un membre de la chambre de commerce, s'il y a lieu.

Un officier de la garnison, désigné par le gouverneur, remplit les fonctions de secrétaire avec voix consultative.

Dans les places du littoral, le comité est complété par l'adjonction des membres énumérés ci-après :

1° Places du littoral autres que les places de guerre chefs-lieux d'arrondissement maritime :

Le commandant du front de mer;

2° Places de guerre chefs-lieux d'arrondissement maritime :

Le major général de la marine;

L'adjoint au gouverneur, commandant du front de mer;

Le chef d'état-major de l'arrondissement maritime;

L'officier de marine commandant l'artillerie du front de mer, s'il y a lieu;

Le directeur des travaux hydrauliques;

Le commissaire général de la marine;

Le chef des services administratifs des troupes coloniales;

Le directeur du service de santé de la marine.

Lorsqu'un des membres du comité est empêché, il est remplacé par la personne qui marche après lui ou qui le supplée dans ses fonctions.

En l'absence du gouverneur, la présidence appartient à l'officier le plus ancien dans le grade le plus élevé parmi les membres du comité, à l'exclusion des chefs des services de l'intendance et de santé (1).

Art. 168 *bis* (2). Dans les places points d'appui de la flotte, aux colonies, le comité de surveillance des approvisionnements de siège est composé ainsi qu'il suit :

Le commandant de la défense, président;

Le commandant de la marine ou, à défaut, le plus ancien dans le grade le plus élevé des officiers de marine exerçant un commandement à terre dans la place;

____

(1) Texte nouveau. (Décret du 28 avril 1914, *B. O.*, p. 818.)
(2) Article ajouté. (Décret du 2 août 1912.

Le commandant de l'artillerie de la place;

Le directeur de l'artillerie, ou, à défaut, le chef de service de l'artillerie de la place;

Le chef d'état-major du commandement de la défense;

Les chefs de service de l'intendance et de santé de la place;

L'officier de marine adjoint au commandant de la défense;

Le chef du service du commissariat de la marine;

Le plus ancien dans le grade le plus élevé des médecins de la marine résidant dans la place;

Le maire ou l'administrateur maire de la localité principale ou, à défaut, l'administrateur chef de la province;

Le président et un membre de la Chambre de commerce, s'il en existe dans la place;

Un officier de la garnison, désigné par le commandant de la défense, et remplissant les fonctions de secrétaire avec voix consultative.

Art. 169. Le comité seconde le gouverneur dans toutes les opérations du ravitaillement et dans la surveillance des approvisionnements réunis pour l'ensemble de la garnison et de la population civile. Il visite ou charge un certain nombre de ses membres de visiter fréquemment les magasins de la place.

Ces visites donnent lieu à un rapport écrit présenté au comité et où sont formulées toutes les propositions que peut suggérer l'état des approvisionnements.

Le comité en délibère ; le gouverneur statue seul et sans avoir à se conformer à l'avis de la majorité.

Le comité constate par des procès-verbaux les pertes et les avaries.

Hors le cas d'urgence absolue, aucun déplacement, aucune sortie des denrées des magasins d'approvisionnement ne peut avoir lieu sans un ordre spécial du gouverneur.

Le registre des délibérations du comité, coté, parafé par le chef du service de l'intendance, est tenu par l'officier secrétaire du comité qui y inscrit les procès-verbaux des délibérations.

A la fin de chaque mois, le comité établit un état de situation des approvisionnements de siège du service des subsistances, de l'éclairage et du chauffage. Jusqu'à l'investissement, le gouverneur transmet par la voie hiérarchique, au Ministre, une copie de cet état.

Le commandant de la défense d'un point d'appui de la flotte aux colonies transmet dans les mêmes conditions cette copie au commandement supérieur des troupes (1).

____

(1) Article ajouté. (Décret du 2 août 1912.

Le gouverneur fait exercer par l'autorité civile une surveillance analogue sur les approvisionnements qu'elle peut avoir constitué elle-même pour les besoins de la population, en dehors de ceux que l'autorité militaire a réunis et qu'elle conserve jusqu'à l'épuisement complet des ressources locales.

En vue de la prolongation de la défense, il fait procéder également au recensement des denrées chez les particuliers et règle, au moyen du droit de réquisition, l'emploi et la répartition des ressources de toute nature existant dans la ville, quelle qu'en soit la provenance.

SECTION V.

SERVICES FINANCIERS.

Art. 170. A partir de l'investissement, les crédits restant ouverts aux divers ordonnateurs dépendant du Ministère de la guerre sont annulés ; les crédits nécessaires à l'entretien des troupes et à la défense de la place sont tous ouverts par le gouverneur.

Il est disposé de ces crédits au moyen d'ordres de payement. Si le gouverneur ne se réserve pas l'émission de ces ordres de payement, il la délègue aux officiers chefs locaux des divers services ou, pour les services qui n'ont pas dans la place de chef local du grade d'officier, à un fonctionnaire de l'intendance ; à défaut de fonctionnaire de l'intendance, les ordres de payement sont délivrés par l'officier désigné par le gouverneur pour en exercer les fonctions.

Les officiers chargés de la délivrance des ordres de payement ne peuvent, en aucun cas, réunir ces fonctions à celles de comptable.

Les ordres de payement émis dans les conditions ci-dessus indiquées sont appuyés des justifications réglementaires ou, s'il y a lieu, de réquisitions.

Art. 171. Dans les places fortes où fonctionne un service de comptable direct du Trésor, ce comptable continue, après l'investissement, à assurer le service de la trésorerie.

Dans les places fortes où n'existe pas de comptable direct du Trésor, et dans les places où le comptable direct du Trésor est absent ou empêché, le service est assuré par un officier désigné par le gouverneur.

Art. 172. A partir de l'investissement, le comptable du Trésor, ou l'officier qui en fait fonctions, assure les payements pour tous les services, conformément aux répartitions faites par le gouverneur, sur le vu d'ordres de payement ou d'états de solde dûment quittancés.

Il reçoit, dans les délais assignés par les règlements, les justifications des avances qu'il fait aux comptables des services régis par économie.

Il remplit, dans tous les cas, les fonctions dévolues aux payeurs aux armées en ce qui concerne les opérations ressortissant aux receveurs des domaines et relatives, en particulier, aux ventes de chevaux et de matériel. Les sommes produites par ces ventes sont versées dans sa caisse.

Art. 173. Des fonds dits de réserve de siège sont destinés à faire face, en cas de siège, à l'entretien des troupes et aux besoins des divers services de la défense ; ils ne peuvent être employés à aucun autre usage.

Dès le début de la mobilisation, les fonds de réserve de siège, dont le montant a été déterminé d'après l'importance de la place et la durée présumée de la défense à la suite d'une entente préalable entre le Ministre des finances et le Ministre de la guerre, sont mis à la disposition du gouverneur.

Indépendamment des fonds de réserve de siège, il peut être constitué dans les places fortes, pour la période comprise entre le début de la mobilisation et l'investissement, des fonds spéciaux dont la destination et le mode d'emploi sont réglés par des instructions concertées entre les Ministres des finances et de la guerre.

Art. 174. Si un service de comptable direct du Trésor fonctionne dans la place, les fonds de réserve de siège sont conservés dans sa caisse, et il n'y est fait appel qu'après l'investissement ; jusqu'à ce moment, la caisse du comptable direct du Trésor s'alimente suivant les règles habituelles.

Art. 175. Le gouverneur s'assure que les fonds de réserve de siège sont à sa disposition ; il fait prendre, s'il y a lieu, les mesures nécessaires pour que le versement en soit effectué dès le début de la mobilisation.

Au cas où les fonctions de comptable sont exercées par un officier, un fonctionnaire de l'intendance également désigné à l'avance ou, à défaut de fonctionnaire de l'intendance, l'officier qui en remplit les fonctions, établit une réquisition en double expédition ; l'une de ces expéditions est adressée au comptable du Trésor chargé du versement des fonds ; l'autre est remise à l'officier remplissant les fonctions de comptable, qui en touche le montant sur son acquit. Le fonctionnaire de l'intendance ou son suppléant constate par procès-verbal le dépôt de ces fonds dans une caisse spéciale, pourvue de trois serrures, dont les clefs sont respectivement entre les mains du gouverneur, du fonctionnaire de l'intendance ou de son suppléant et de l'officier qui remplit les fonctions de comptable. Le procès-verbal est adressé au comptable du Trésor qui a fait la remise des fonds. Le gouverneur prend toutes les mesures de précaution nécessaires pour la garde et la conservation de cette caisse.

Le gouverneur, sur la demande de l'officier qui remplit les fonctions de comptable, visée par le fonctionnaire de l'intendance ou par son suppléant, détermine la quotité des sommes à extraire de la caisse spéciale pour être mises à la disposition de cet officier pour les besoins courants. La remise des fonds a lieu en présence du gouverneur ou de son délégué et du fonctionnaire de l'intendance ou de son suppléant.

Art. 176. En cas de besoin, le gouverneur prend des arrêtés pour la création de bons de caisse tenant lieu de numéraire. Ces bons portent les visas du fonctionnaire de l'intendance ou de son suppléant et du comptable du Trésor ou de l'officier qui en remplit les fonctions.

Si, au moment où la continuation de la défense devient impossible, les caisses du Trésor, du gouverneur ou des corps ne sont pas épuisées, le gouverneur prend des dispositions pour que les sommes restantes ne tombent pas aux mains de l'ennemi.

Art. 177. Dès le début de la mobilisation, le gouverneur est investi, concurremment avec les agents supérieurs de l'administration des finances, du droit de contrôle sur les écritures et l'encaisse du comptable direct du Trésor.

Le même contrôle est exercé par le gouverneur sur les écritures que doit tenir l'officier remplissant, à défaut de comptable direct du Trésor, les fonctions de ce comptable et sur les fonds qui lui sont remis pour les besoins courants.

Le gouverneur délègue, pour assurer ce contrôle, un fonctionnaire de l'intendance ; à défaut de fonctionnaire de l'intendance, ces fonctions sont exercées par l'officier qui le supplée.

Art. 178. Après la cessation des hostilités, les sommes restées sans emploi ainsi que les pièces justificatives des dépenses effectuées sont versées au trésorier-payeur général qui a remis les fonds spéciaux de la place ou pour le compte duquel ces fonds ont été versés au début de la mobilisation.

Des ordonnances ou des mandats de régularisation sont, après revision de la liquidation par les ordonnateurs des divers services, délivrés par le Ministre ou par les ordonnateurs secondaires qu'il désigne à cet effet, sur les crédits ouverts aux différents chapitres du Département de la guerre.

Art. 179. Les gouverneurs des forts isolés ont les droits, les attributions et les devoirs conférés à un gouverneur de place forte par les articles 170 et suivants.

Art. 179 *bis* (1). Les services financiers des places de guerre points d'appui de la flotte aux colonies fonctionnent à partir de l'investissement suivant les règles qui précèdent.

Dès le début de la mobilisation, les fonds de réserve de siège, sont mis à la disposition du commandant de la place par arrêté du gouverneur général ou du gouverneur de la colonie, en conformité des instructions générales concertées entre le Ministre des finances et le Ministre des colonies.

CHAPITRE IX.

Dispositions spéciales.

Art. 180. Sont abrogées toutes les dispositions contraires au présent décret, et notamment le décret du 4 octobre 1891 portant règlement sur le service dans les places de guerre et les villes ouvertes.

Art. 181. Les Ministres de la guerre, de la justice, des affaires étrangères, de l'intérieur, des finances et de la marine sont chargés, chacun en ce qui le concerne, de l'exécution du présent décret qui sera publié au *Bulletin des lois*

Fait à Paris, le 7 octobre 1909.

---

(1) Article ajouté. (Décret du 2 août 1912.

PLACE

Modèle N° 1.

Art. 11 du règlement
sur le service de
place.

o RÉGIMENT DE

RAPPORT JOURNALIER.

1° Événements divers :

2° Demandes :

3° Pièces reçues :

4° Pièces envoyées :

5° Service de place commandé par le corps :

6° Effectifs :

GRADES.	DISPONIBLES.	INDISPONIBLES	OBSERVATIONS.
Officiers........			
Sous-officiers...			
Soldats.........			

7° Punitions demandées :   Punitions prononcées .

8° Exercices à l'extérieur (1)

A   , le   19   .

Le Colonel, commandant le régiment,

---

(1) Prévus pour l'après-midi et le lendemain matin, lorsqu'il s'agit d'exercices de bataillon ou d'unités plus fortes.

PLACE

d

MODÈLE N° 2

Art. 11 du règlement
sur le service de
place.

POSTE DE

RAPPORT

du *au*

1° Nom, grade, corps du chef de poste :

2° Visites, rondes, patrouilles (1) :

3° Événements divers :

4° Observations sur le matériel :

5° Demandes :

6° Punitions demandées :

A , le 19 .

Le Chef de poste,

---

(1) A remplir par l'officier de visite, l'officier ou le sous-officier de ronde et le chef de patrouille.

PLACE

d

Modèle N° 3.

Art. 11 du règlement sur le service de place.

RAPPORT.

RONDE. — VISITE DES POSTES.

1° Nom, grade, corps :

2° Jour et heure :

3° Itinéraire :

4° Postes vus :

5° Observations :

6° Punitions demandées :

A   , le   19

Le

PLACE

d

MODÈLE Nº 4.

Art. 48 du règlement
sur le service de
place.

REGISTRE DES PUNITIONS.

PUNITIONS DEMANDÉES.				PUNITIONS PRONONCÉES (1).				OBSERVA-TIONS.
Dates.	Par qui	Contre qui.	Motif.	Dates.	Par qui.	Punition infligée.	Libellé.	

(1) En réponse aux demandes formulées.

PLACE

d

MODÈLE Nᵒ 5.

Art. 58 et 59 du rè-
glement sur le ser-
vice de place.

VISITE

(HOPITAL OU PRISON)

1ᵒ Nom, grade, corps :

2ᵒ Jour et heure :

3ᵒ Etablissement visité :

4ᵒ Réclamations formulées :

A   , le   19

Le

TABLE DES MATIÈRES

DEUXIÈME PARTIE.

Service de défense.

CHAPITRE VII.

DE L'ÉTAT DE GUERRE

CHAPITRE VIII.

DE L'ÉTAT DE SIÈGE.

CHAPITRE IX.

DISPOSITIONS SPÉCIALES

MODÈLES

DEUXIÈME PARTIE

DISPOSITIONS DIVERSES

1° État de siège.

Loi sur l'état de siège (1).

Paris, le 9 août 1849.

AU NOM DU PEUPLE FRANÇAIS.

L'Assemblée nationale législative a adopté la loi dont la teneur suit :

. . . . (1).

Art. 4. Dans les colonies françaises, la déclaration de l'état de siège est faite par le gouverneur de la colonie.

Il doit en rendre compte immédiatement au Gouvernement.

Art. 5. Dans les places de guerre et postes militaires, soit de la frontière, soit de l'intérieur, la déclaration de l'état de siège peut être faite par le commandant militaire, dans les cas prévus par la loi du 10 juillet 1791 et par le décret du 24 décembre 1811 (2).

Le commandant en rend compte immédiatement au Gouvernement.

---

(1) Articles 1er, 2 et 6 abrogés par la loi du 3 avril 1878, ci-après.
(2) Décret abrogé par celui du 4 octobre 1891, remplacé lui-même par le décret du 7 octobre 1909 sur le service de place, vol. 75.

CHAPITRE III.

DES EFFETS DE L'ÉTAT DE SIÈGE.

Art. 7. Aussitôt l'état de siège déclaré, les pouvoirs, don l'autorité civile était revêtue pour le maintien de l'ordre et d la police passent tout entiers à l'autorité militaire.

L'autorité civile continue néanmoins à exercer ceux de se pouvoirs dont l'autorité militaire ne l'a pas dessaisie.

Art. 8 (1). Dans les territoires déclarés en état de siège, au ca de péril imminent résultant d'une guerre étrangère, les juridic tions militaires peuvent être saisies, quelle que soit la qualité de auteurs principaux ou des complices, de la connaissance des crimes prévus et réprimés par les articles 75 à 85, 87 à 99, 109 110, 114, 118, 119, 123 à 126, 132, 133, 139, 140, 141, 166 167, 177 à 179, 188, 189, 191, 210, 211, 265 à 267, 341, 430 à 432, 434, 435, 439, 440 et 441 du Code pénal.

Les juridictions militaires peuvent, en outre, connaître :

1° Des délits prévus par la loi du 10 avril 1886, établissan des pénalités contre l'espionnage;

2° Des infractions prévues par la loi du 4 avril 1915, qui sanctionne l'interdiction faite aux Français d'entretenir des rela tions d'ordre économique avec les sujets d'une puissance enne mie;

3° Des faits punis et réprimés par la loi du 17 août 1915, assu rant la juste répartition et une meilleure utilisation des homme mobilisés ou mobilisables;

4° De la provocation, par quelque moyen que ce soit, à la désobéissance des militaires envers leurs chefs dans tout ce qu'ils leur commandent pour l'exécution des lois et règlements militaires;

5° De la provocation, par quelque moyen que ce soit, aux crimes d'assassinat, de meurtre, d'incendie, de pillage, de des truction d'édifices ou d'ouvrages militaires;

6° De la provocation directe, par quelque moyen que ce soit, aux attentats contre la sûreté de l'Etat;

---

(1) Texte nouveau. (Loi du 27 avril 1916, vol. 56.)

7° Des délits prévus et réprimés par les articles 177 à 179 du Code pénal;

8° Des délits commis par les fournisseurs en ce qui concerne les fournitures destinées aux services militaires, dans les cas prévus par les articles 430 à 433 du Code pénal, ainsi que la loi du 1er août 1905 sur la répression des fraudes et les lois spéciales qui s'y rattachent;

9° Des faux commis au préjudice de l'armée, et, d'une manière générale, de tous crimes ou délits portant atteinte à la défense nationale.

Ce régime exceptionnel cesse de plein droit à la signature de la paix.

Si l'état de siège est déclaré au cas de péril imminent résultant d'une insurrection à main armée, la compétence exceptionnelle reconnue aux juridictions militaires, en ce qui concerne les non-militaires, ne peut s'appliquer qu'aux crimes spécialement prévus par le Code de justice militaire, ou par les articles du Code pénal visés au paragraphe 1er du présent article et aux crimes connexes.

Dans tous les cas, les juridictions de droit commun restent saisies tant que l'autorité militaire ne revendique pas la poursuite.

Art. 9. L'autorité militaire a le droit :

1° De faire des perquisitions, de jour et de nuit, dans le domicile des citoyens ;

2° D'éloigner les repris de justice et les individus qui n'ont pas leur domicile dans les lieux soumis à l'état de siège ;

3° D'ordonner la remise des armes et munitions, et de procéder à leur recherche et à leur enlèvement ;

4° D'interdire les publications et les réunions qu'elle juge de nature à exciter ou à entretenir le désordre.

Art. 10. Dans les lieux énoncés en l'article 5, les effets de l'état de siège continuent en outre, en cas de guerre étrangère, à être déterminés par les dispositions de la loi du 10 juillet 1791 et du décret du 24 décembre 1811 (1).

______

(1) Décret abrogé par celui du 4 octobre 1891, remplacé lui-même par le décret du 7 octobre 1909.

Art. 11. Les citoyens continuent, nonobstant l'état de siège
à exercer tous ceux des droits garantis par la Constitution
dont la jouissance n'est pas suspendue en vertu des article
précédents.

CHAPITRE IV.

DE LA LEVÉE DE L'ÉTAT DE SIÈGE.

Art. 12..(1
L'état de siège, déclaré conformément aux articles 4 et
peut être levé par le Président de la République, tant qu'il n
pas été maintenu par l'Assemblée nationale.

L'état de siège, déclaré conformément à l'article 4, pourr
être levé par les gouverneurs des colonies, aussitôt qu'ils cro
ront la tranquillité suffisamment rétablie.

Art. 13. Après la levée de l'état de siège, les tribunaux mi
taires continuent de connaître des crimes et délits dont la pou
suite leur a été déférée.

Délibéré en séance publique, à Paris, le 9 août 1849.

Le Président et les secrétaires,

Signé : DUPIN, ARNAUD (de l'Ariège), LACAZE, CHAPO
PEUPIN, HEECKEREN, BÉRARD.

La présente loi sera promulguée et scellée du sceau de l'Et

Le Président de la République,

Signé : LOUIS-NAPOLÉON-BONAPARTE.

Le Garde des sceaux, Ministre de la justice,

Signé : ODILON BARROT.

---

(1) Deux alinéas abrogés par la loi du 3 avril 1878 (voir page 101).

Loi relative à l'état de siège.

Versailles, le 3 avril 1878.

Le Sénat et la Chambre des députés ont adopté,

Le Président de la République promulgue la loi dont la teneur suit :

Art. 1er. L'état de siège ne peut être déclaré qu'en cas de péril imminent, résultant d'une guerre étrangère ou d'une insurrection à main armée.

Une loi peut seule déclarer l'état de siège ; cette loi désigne les communes, les arrondissements ou départements auxquels il s'applique. Elle fixe le temps de sa durée. A l'expiration de ce temps, l'état de siège cesse de plein droit, à moins qu'une loi nouvelle n'en prolonge les effets.

Art. 2. En cas d'ajournement des Chambres, le Président de la République peut déclarer l'état de siège, de l'avis du Conseil des Ministres, mais alors les Chambres se réunissent de plein droit, deux jours après.

Art. 3. En cas de dissolution de la Chambre des députés, et jusqu'à l'accomplissement entier des opérations électorales, l'état de siège ne pourra, même provisoirement, être déclaré par le Président de la République.

Néanmoins, s'il y avait guerre étrangère, le Président, de l'avis du Conseil des Ministres, pourrait déclarer l'état de siège dans les territoires menacés par l'ennemi, à la condition de convoquer les collèges électoraux et de réunir les Chambres dans le plus bref délai possible.

Art. 4. Dans le cas où les communications seraient interrompues avec l'Algérie, le gouverneur pourra déclarer tout ou partie de l'Algérie en état de siège, dans les conditions de la présente loi.

Art. 5. Dans les cas prévus par les articles 2 et 3, les Chambres, dès qu'elles sont réunies, maintiennent où lèvent l'état de siège. En cas de dissentiment entre elles, l'état de siège est levé de plein droit.

Art. 6. Les articles 4 et 5 de la loi du 9 août 1849 sont maintenus, ainsi que les dispositions de ses autres articles non contraires à la présente loi.

La présente loi, délibérée et adoptée par le Sénat et par la Chambre des députés, sera exécutée comme loi de l'Etat.

Fait à Versailles, le 3 avril 1878.

Signé : Mal DE MAC-MAHON, duc DE MAGENTA.

Par le Président de la République :

Le Président du Conseil, Garde des sceaux.
Ministre de la justice,

Signé : J. DUFAURE.

2° Honneurs et préséances.

A. — Dispositions générales.

Décret relatif aux cérémonies publiques, préséances, honneurs civils et militaires (1).

(Cabinet du Ministre; Bureau de la Correspondance générale.)

Paris, le 16 juin 1907.

RAPPORT AU PRÉSIDENT DE LA RÉPUBLIQUE FRANÇAISE.

Monsieur le Président,

Bien que plus d'un siècle se soit écoulé depuis son élaboration, et que le régime politique auquel il était approprié ait été aboli par le fait d'une succession de constitutions qui ont substitué à la conception du gouvernement impérial celle de la République constitutionnelle fondée sur le suffrage universel, le décret du 24 messidor an XII, est encore aujourd'hui le texte organique des honneurs et préséances.

Certaines dispositions de ce décret sont tombées en désuétude ; elles concernent les titulaires de certains privilèges, de certaines dignités, de certaines charges, qui, les uns et les autres, constituaient l'apanage du sang, de la fortune ou d'une classe ; à défaut de textes exprès qui les aient abrogées, les changements survenus dans la composition des différents corps tant politiques qu'administratifs les ont fait passer dans le domaine des documents historiques ne présentant qu'un intérêt purement rétrospectif. D'autres concernent les autorités ecclésiastiques qui, depuis la loi du 9 décembre 1905, ne sont plus reconnues.

Mais ces dispositions sont en petit nombre par rapport à l'ensemble du décret, et il y a encore trop de règles édictées le 13 juillet 1804, imprégnées de principes dont l'opposition avec l'esprit de nos institutions est choquante, qui reçoivent leur application presque quotidienne.

Au point de vue des préséances, le décret impérial repose sur l'étendue de la juridiction territoriale des autorités, entre lesquelles il consacre des distinctions injustifiées.

____

(1) Mis à jour par l'incorporation dans le texte des dispositions du décret du 8 juillet 1908.

Au point de vue des honneurs, il édicte un apparat et un formalisme inconciliables avec la simplicité du régime républicain.

Il présente enfin de nombreuses lacunes.

Maintes fois on a proposé la revision du décret de messidor et la refonte des textes postérieurs à l'aide desquels on a tenté soit de le compléter, soit de pourvoir à des situations et à des circonstances nouvelles.

En 1874 et en 1877, des commissions spéciales ont été instituées à cet effet, mais leurs travaux n'ont pas abouti.

En 1890, le Ministre de l'intérieur, plus particulièrement saisi des incidents fâcheux auxquels l'application du décret de messidor a trop de fois donné lieu, et sentant mieux l'opportunité d'une revision, proposa d'entreprendre ce travail ; mais ce projet n'aboutit pas davantage. Et sans cesse se sont renouvelées des difficultés de toute nature en même temps que se sont perpétuées des traditions dont les unes n'ont plus de prétexte légitime, et dont les autres, ainsi que je l'ai signalé, sont en absolue contradiction avec l'esprit démocratique. Je rappelle même avec regret que des difficultés, assez sérieuses pour provoquer les réclamations des présidents tant du Sénat que de la Chambre des députés et du Conseil d'Etat, se sont produites en certaine circonstance, difficultés qui, dans la complexité et l'ambiguïté des textes en usage, pourraient renaître dans l'avenir.

En 1899, se posa la question des honneurs à rendre aux présidents du Sénat et de la Chambre des députés ; en 1901, elle se posa également pour les Sous-Secrétaires d'Etat, et, à cette occasion, sur les instances du président du conseil, Ministre de l'intérieur, le Ministre de la guerre voulut adhérer au principe de la refonte du décret organique. Mais les événements politiques s'opposèrent une fois de plus à la mise en chantier d'un nouveau protocole.

Enfin, en 1902, le Ministre de la guerre ayant saisi le Conseil d'Etat d'un projet de décret portant modification du service des places, contenant diverses innovations sur les honneurs à rendre aux autorités civiles, c'est-à-dire modifiant encore le décret de messidor, le Conseil d'Etat, instruit par les précédents, demanda si tous les collègues du Ministre de la guerre avaient été consultés ; sur la réponse négative, le Conseil d'Etat, considérant qu'un texte général ne pouvait être modifié par un texte spécial et unilatéral, présenté par un seul Ministre, se dessaisit du dossier. La question fut alors portée au conseil des Ministres, où le président du conseil exposa la nécessité d'une revision complète du décret de messidor. Cette proposition fut adoptée, et le président du conseil, Ministre de l'intérieur, institua, par arrêtés des 5-27 février et 14 mars 1903, une commission interministérielle, comprenant des représentants du

Sénat, de la Chambre des députés, du Conseil d'Etat, de la grande chancellerie de la Légion d'honneur et de chaque ministère, qui a élaboré, au cours de l'année 1903, une nouvelle réglementation.

Présenté au Conseil d'Etat, le projet de la commission en est revenu après avoir subi diverses modifications.

Après cette double discussion, j'ai arrêté le texte définitif du nouveau décret qui ne s'écarte pas très sensiblement de celui préparé par le Conseil d'Etat. Toutefois dans l'ordonnancement général du décret, j'ai cru devoir réserver le titre II aux honneurs civils et consacrer en conséquence le titre III aux honneurs militaires, alors que le dispositif inverse, adopté en 1804, avait été maintenu par le Conseil d'Etat ; ce délai de forme a passé inaperçu derrière la discussion du fond : mais j'ai été d'avis qu'en fait d'honneurs, il convient de s'attacher tout d'abord et principalement aux marques de déférence des représentants du Gouvernement, et de ne considérer les déploiements de troupes que comme le complément normal des honneurs civils.

Si peu d'attention que semblerait mériter un acte de cette nature, il a cependant une portée générale et une signification spéciale en ce qu'il est destiné à rétabir l'harmonie nécessaire entre les manifestations publiques auxquelles le Gouvernement ou ses représentants sont associés et l'esprit même de nos institutions, et d'opérer, par voie de conséquence, un classement nouveau, mais nécessaire, des différentes autorités et des différents corps concourant à leur fonctionnement.

L'œuvre dont il s'agit a comporté un remaniement, un complément et une codification des textes applicables en la matière ; elle peut se résumer ainsi :

1° Mise en harmonie de la réglementation des honneurs et préséances avec les institutions républicaines ;

2° Consécration de la suprématie du pouvoir civil ;

3° Attribution aux corps élus d'un rang correspondant à leur importance ;

4° Simplification des honneurs.

1. — Réservant au Président de la République, dépositaire de la souveraineté nationale, les prérogatives inhérentes aux plus hautes fonctions de l'Etat, le décret lui maintient les honneurs qui lui sont actuellement rendus.

Immédiatement après le chef de l'Etat prennent successivement rang les plus éminents représentants du pouvoir législatif : président du Sénat et président de la Chambre des députés; le président du conseil des Ministres, les Ministres et les Sous-Secrétaires d'Etat.

En ce qui concerne les Ministres, chacun d'eux étant, a
même titre que ses collègues, membre du Gouvernement, l
distinction faite entre eux par le décret de messidor, qui attr
buait aux Ministres de la guerre et de la marine des honneu
spéciaux, a paru devoir être supprimée ; à l'avenir, tous le
Ministres recevront les mêmes honneurs, étendus aux Sou
Secrétaires d'Etat.

Pour ce qui est des différentes autorités de l'Etat, elles so
classées entre elles non plus d'après l'étendue territoriale c
leur juridiction, mais d'après l'importance de leurs attribution
y compris celles d'institution relativement récente.

II. — Le décret classe normalement entre eux les fonctio
naires de la République chargés d'administrer, de défendre
de juger les citoyens.

Dans cet ordre d'idées, l'une des principales réformes vise
rang du préfet, qui devra prendre place à la tête de toutes le
autorités locales. Cette disposition se justifie d'abord par le fa
que le préfet est investi d'une mission générale et d'attribution
étendues, le mettant en dehors et au-dessus des autorités techn
ques, et faisant de lui le représentant de tous les Ministres
le chef de tous les services publics ; elle se justifie en outre pa
le souci d'assurer au représentant du pouvoir civil la préém
nence sur toutes les autres autorités, principe affirmé par
Parlement aussi souvent qu'il a été discuté.

Mais elle ne saurait être entendue comme portant atteinte a
prestige des autorités militaires : le décret réserve en effet u
rang tout à fait éminent aux conseils supérieurs de la guerre
de la marine, et il consacre au profit de tous les officiers gén
raux les honneurs nécessaires, de nature à produire sur les p
pulations l'impression toute de respect que comporte l'exercic
de leur commandement.

III. — Le système électif et le suffrage universel, principe
essentiels de la Constitution de 1875, ayant été étendus à l'org
nisation des assemblées délibérantes chargées des intérêts l
caux, le décret donne à tous les corps élus et à leurs présiden
un rang en rapport avec l'importance de leur mandat et de leu
origine.

Quant aux autorités qui assurent le fonctionnement d
grands services centralisés dans les différents ministères, je n'
pas cru pouvoir procéder à leur classement dans le texte du d
cret organique sans alourdir celui-ci à l'excès et l'exposer à d
retouches fréquentes. Aussi ai-je été d'avis de classer les gra
des administrations d'après l'ordre des ministères suivi jusqu
ce jour, et de laisser aux ministres pris individuellement le so
de déterminer par arrêtés spéciaux le rang à occuper entre eu
par les chefs des services placés sous leurs ordres.

IV. — Enfin la simplification des honneurs militaires consistant dans des déploiements de troupes m'a paru plus nécessaire que jamais au lendemain de la promulgation de la loi de deux ans et de la réduction des effectifs, en raison de la nécessité de rendre plus intensive qu'auparavant l'instruction des hommes dans l'intérêt de la défense nationale. J'ai pensé que le régime républicain, dans lequel l'armée se confond avec la nation, n'aura rien perdu en dignité lorsque les prises d'armes en usage auront été ramenées à de plus simples proportions : au surplus, l'armée ne doit plus aujourd'hui s'écarter de son rôle patriotique pour servir d'instrument de parade.

Telle est l'économie générale du décret élaboré. Cette réforme, dont l'opportunité n'est pas douteuse, constitue à mes yeux, ainsi que je l'ai dit, un acte politique et républicain d'une réelle portée, et tous mes collègues ont été unanimes pour y donner leur adhésion.

Si vous en approuvez l'esprit et les dispositions, j'ai l'honneur de vous prier, Monsieur le Président, de vouloir bien revêtir le décret ci-après de votre signature.

Le Président du Conseil, Ministre de l'intérieur,
G. CLEMENCEAU.

DÉCRET.

Le Président de la République française,

Sur le rapport du président du conseil, Ministre de l'intérieur,

Vu le décret du 24 messidor an XII, relatif aux cérémonies publiques, préséances, honneurs civils et militaires ;

Le Conseil d'Etat entendu,

Décrète :

TITRE PREMIER.

Des rangs et préséances.

SECTION Iʳᵉ.

DE L'ORDRE DES CORPS ET DES AUTORITÉS DANS LES CÉRÉMONIES PUBLIQUES.

Art. 1ᵉʳ. Lorsque les corps et les autorités sont convoqués ensemble, par acte du Gouvernement, aux cérémonies publiques, ils y prennent rang ainsi qu'il suit :

I. — A Paris.

1. Le président du Sénat.
2. Le président de la Chambre des députés.
3. Les Ministres.
4. Les Sous-Secrétaires d'Etat.
5. Le Sénat.
6. La Chambre des députés.
7. Le Conseil d'Etat.
8. Le grand chancelier de la Légion d'honneur. — Le conseil de l'ordre et la délégation des grands-croix et des grands-officiers convoqués.
9. La Cour de cassation.
10. La Cour des comptes.
11. Le conseil supérieur de la guerre.
12. Le conseil supérieur de la marine.
13. L'Institut de France.
14. Le conseil supérieur de l'instruction publique.
15. Le préfet de la Seine accompagné du secrétaire général de la préfecture de la Seine. — Le préfet de police accompagné du secrétaire général de la préfecture de police.
16. Le conseil municipal de Paris. — Le conseil général de la Seine.
17. Le gouverneur militaire de Paris. — Le général de division commandant le corps d'armée des troupes coloniales.
18. La cour d'appel.
19. Le général de division commandant supérieur de la défense et du camp retranché de Paris.
20. Le vice-recteur de l'académie de Paris et le conseil de l'Université.
21. L'académie de médecine.
22. Les délégations des fonctionnaires supérieurs, des conseils supérieurs, des comités consultatifs et les états-majors des ministères de la guerre et de la marine. Chacune de ces délégations prend rang d'après l'ordre suivant des ministères :

Ministère de la justice ; ministère des affaires étrangères ; ministère de l'intérieur ; ministère des finances ; ministère de la guerre ; ministère de la marine ; ministère de l'instruction publique, des beaux-arts et des cultes ; ministère des travaux publics, des postes et des télégraphes ; ministère du commerce et de l'industrie ; ministère de l'agriculture ; ministère des colonies ; ministère du travail et de la prévoyance sociale.

Le gouverneur et les sous-gouverneurs de la Banque de

France, le gouverneur et les sous-gouverneurs du Crédit foncier, le directeur général et les sous-directeurs de la Caisse des dépôts et consignations prennent rang avec la délégation du ministère des finances.

23. Le conseil de préfecture de la Seine.

24. Le tribunal de première instance de la Seine.

25. Le tribunal de commerce.

26. La chambre de commerce.

27. Le corps académique.

28. Les maires des arrondissements de Paris.

29. Les délégations des établissements d'enseignement supérieur, prenant rang d'après l'ordre établi sous le n° 22.

30. L'état-major du gouvernement militaire de Paris ; l'état-major du corps d'armée des troupes coloniales ; l'état-major du commandement supérieur de la défense et du camp retranché de Paris ; le général de brigade commandant le département de la Seine et son état-major ; les délégations des corps d'officiers de troupes et de services.

31. Les juges de paix de Paris.

32. La délégation des fonctionnaires supérieurs de la préfecture de la Seine et de la préfecture de police. — Les commissaires de police.

33. La délégation des conseils de prud'hommes.

34. La délégation des avocats au Conseil d'Etat et à la Cour de cassation.

35. La délégation des référendaires au sceau de France.

36. La députation des avoués près la cour d'appel.

37. La députation des avoués près le tribunal de première instance.

38. La députation des notaires.

39. La députation des agents de change.

40. La députation des commissaires-priseurs.

41. La députation des huissiers.

42. La députation des courtiers d'assurances maritimes.

II. — Dans les départements.

1. Le préfet accompagné du secrétaire général de la préfecture (1).

2. Les sénateurs et les députés.

3. Le conseil général du département.

---

(1) Le préfet de Seine-et-Oise a la préséance sur le préfet de police dans les communes où celui-ci exerce son autorité.

4. Les généraux de division chargés d'inspecter un ou plusieurs corps d'armée ou d'en diriger les manœuvres. — Les vice-amiraux chargés d'inspecter une ou plusieurs escadres ou d'en diriger les manœuvres.

5. Le général de division commandant de corps d'armée ou de la région. — Le vice-amiral préfet maritime, les vice-amiraux commandants d'escadre.

6. Les grands-croix et les grands-officiers de la Légion d'honneur convoqués.

7. La cour d'appel.

8. Les généraux de division en service actif dans la place.

9. Le recteur et le conseil de l'université, et, dans les villes où il n'y a pas d'université, le corps académique.

10. Le président de la cour d'assises.

11. Les généraux de brigade, les contre-amiraux en service dans la place, les contre-amiraux commandant une division navale.

12. Les sous-préfets.

13. Le conseil de préfecture.

14. Le maire et le conseil municipal.

15. Le tribunal de première instance. — Les juges de paix.

16. Le tribunal de commerce.

17. La chambre de commerce. — La chambre consultative des arts et manufactures.

18. Le corps académique dans les villes où il n'y a pas d'université, ou quand le recteur n'est pas présent.

19. L'état-major du corps d'armée ou de la région. — L'état-major de la préfecture maritime.

20. L'état-major de la division. — L'état-major du commandement supérieur d'un groupe de places fortes. — L'état-major de la subdivision ou de la brigade. — L'état-major de la majorité générale de la marine.

21. Les fonctionnaires relevant des divers ministères, les professeurs des établissements d'enseignement supérieur, les états-majors et les corps d'officiers de troupes et de services, d'après l'ordre des ministères fixé dans l'article 1er, paragraphe 1er. n° 22, et l'ordre établi entre eux par des arrêtés ministériels.

22. Le conseil d'arrondissement.

23. Le conseil de prud'hommes.

24. Les délégations des comités et conseils constitués à la préfecture.

25. Les délégations des établissements publics nationaux. départementaux et communaux.

26. Les commissaires de police.

27. Les avoués près la cour d'appel.

28. Les avoués près le tribunal de première instance.
29. Les notaires.
30. Les agents de change.
31. Les commissaires-priseurs.
32. Les huissiers.
33. La députation des courtiers d'assurances maritimes et des courtiers interprètes et conducteurs de navires.
34. La délégation des employés de la préfecture ou des employés de la sous-préfecture.
35. La délégation des employés de la mairie et des services municipaux.
36. La députation des sociétés de secours mutuels.
37. La délégation des sapeurs-pompiers.

SECTION II.

DE L'ORDRE DE PRÉSÉANCE DES AUTORITÉS CONVOQUÉES INDIVIDUELLEMENT DANS LES CÉRÉMONIES PUBLIQUES.

Art. 2. Le rang de préséance des autorités civiles et militaires convoquées individuellement par acte du gouvernement, aux cérémonies publiques, est réglé ainsi qu'il suit :

I. — A Paris.

Après le président du Sénat et le président de la Chambre des députés :

1. Le président du conseil des Ministres, les Ministres et les Sous-Secrétaires d'Etat.
2. Le vice-président du Conseil d'Etat.
3. Le grand chancelier de la Légion d'honneur
4. Le premier président de la Cour de cassation et le procureur général près cette même cour.
5. Le premier président de la Cour des comptes et le procureur général près cette même cour.
6. Le préfet de la Seine et le préfet de police.
7. Le président du conseil municipal de Paris.
8. Le président du conseil général de la Seine.
9. Le gouverneur militaire de Paris. — Le général de division commandant le corps d'armée des troupes coloniales.
10. Le premier président de la cour d'appel et le procureur général près cette même cour.
11. Le général de division commandant supérieur de la défense de Paris.

12. Le vice-recteur de l'académie de Paris.

13. Les secrétaires généraux des préfectures de la Seine et de police. — Le président du conseil de préfecture de la Seine.

14. Le président du tribunal civil de la Seine et le procureur de la République près ce même tribunal.

15. Le président du tribunal de commerce.

16. Le président de la chambre de commerce.

17. Le général de brigade commandant le département de la Seine.

II. — Dans les départements.

1. Le préfet (1).

2. Les sénateurs et les députés.

3. Le président du conseil général du département.

4. Le général de division commandant du corps d'armée ou de la région.

5. Le vice-amiral, préfet maritime.

Les généraux de division chargés d'inspecter un ou plusieurs corps d'armée ou d'en diriger les manœuvres, les vice-amiraux chargés d'inspecter une ou plusieurs escadres ou d'en diriger les manœuvres prennent respectivement rang, pendant la durée de leur mission, avant le commandant du corps d'armée et le vice-amiral préfet maritime.

6. Les vice-amiraux commandants en chef d'escadres.

7. Les grands-croix et les grands-officiers de la Légion d'honneur convoqués.

8. Le premier président de la cour d'appel et le procureur général près cette même cour.

9. Le général de division commandant un groupe de subdivisions de région. — Le général de division commandant supérieur d'un groupe de places fortes. — Les généraux de division pourvus d'un commandement actif. — Le vice-amiral commandant en sous-ordre.

10. Le recteur.

11. Le président de la cour d'assises.

12. Le général de brigade commandant une ou plusieurs subdivisions de région. — Le général de brigade commandant supérieur d'un groupe de places fortes. — Les généraux de brigade pourvus d'un commandement actif. — Le major général de la

---

(1) Le préfet de Seine-et-Oise a la préséance sur le préfet de police dans les communes où celui-ci exerce son autorité.

marine. — Les contre-amiraux commandant une division navale (1).

13. Le secrétaire général de la préfecture. — Les sous-préfets.

14. Le maire.

15. Le président du tribunal civil et le procureur de la République près ce même tribunal.

16. Le président du tribunal de commerce.

17. Le président de la chambre de commerce.

18. Le président de la chambre d'agriculture.

19. Le commandant d'armes lorsqu'il est officier supérieur.

Art. 3. Dans les cas prévus dans l'article 1er sous les nos 4, 5, 8, 11, 19 et 20 du paragraphe 2, et dans l'article 2 sous les nos 4, 5, 6, 9 et 12 du paragraphe 2, dans les établissements de la marine, et sur les terrains affectés au service de la marine, les officiers généraux et les états-majors de la marine ont respectivement la préséance sur les officiers généraux et les états-majors de l'armée de terre.

Art. 4. Dans aucun cas, les rangs et les honneurs accordés à un corps n'appartiennent individuellement aux membres qui le composent.

SECTION III.

DES CONVOCATIONS AUX CÉRÉMONIES PUBLIQUES.

Art. 5. Les ordres du gouvernement pour la célébration des cérémonies publiques déterminent le lieu de ces cérémonies. Ils sont adressés aux préfets qui convoquent par écrit, directement, ou par l'intermédiaire des sous-préfets dans les arrondissements autres que celui du chef-lieu, les autorités et les corps constitués dont le concours est nécessaire pour l'exécution des ordres du gouvernement.

SECTION IV.

DE L'ORDRE DANS LEQUEL LES AUTORITÉS MARCHENT ET SONT PLACÉES DANS LES CÉRÉMONIES PUBLIQUES.

Art. 6. Les autorités désignées dans l'article 2 convoquées aux cérémonies publiques se réunissent dans le lieu de la cérémonie

---

(1) Le rang fixé pour les généraux de brigade pourvus d'un commandement actif doit être attribué aux colonels commandant par intérim une brigade ou une I. D.

De même, l'état-major d'une I. D. doit occuper le rang fixé par ledit décret du 12 juin 1907 pour l'état-major de la subdivision ou de la brigade (circulaire du 17 septembre 1920, B. O., p. 3577).

et y prennent place dans l'ordre indiqué par ledit article, de sorte que la personne à laquelle la préséance est due ait toujours à sa droite celle qui doit occuper le deuxième rang, à sa gauche celle qui doit occuper le troisième, et ainsi de suite.

Si les dispositions du lieu de la cérémonie le permettent, la personne à laquelle la préséance est due est placée au milieu, les autres prenant place dans l'ordre fixé ci-dessus.

Dans le cas contraire, les autorités sont divisées en deux groupes : les autorités civiles étant placées à droite et les autorités militaires à gauche.

Elles gardent entre elles les rangs qui leur ont été respectivement attribués.

La cérémonie ne commence que lorsque l'autorité qui occupe la première place a pris séance.

Cette autorité se retire la première.

Art. 7. Il est fourni aux autorités et aux corps convoqués aux cérémonies des escortes de troupes ou de gendarmerie selon qu'il est réglé dans le titre III intitulé : « Des honneurs militaires ».

Art. 8. Dans les cérémonies publiques non prescrites par acte du gouvernement, mais organisées par des autorités ou des corps constitués, la préséance entre les autorités qui y sont invitées est déterminée d'après l'article 2.

Lorsqu'un corps ou l'une des autorités dénommés dans les articles 1er et 2 invite, dans le local destiné à l'exercice de ses fonctions, d'autres corps ou d'autres autorités pour y assister à une cérémonie, le corps ou l'autorité qui a fait l'invitation y conserve sa place ordinaire ; les corps et les autorités invités gardent entre eux les rangs assignés par ces articles.

Peuvent, s'il y a lieu, dans les cas prévus par les deux alinéas précédents, être intercalées parmi les autorités des personnes qui ne sont pas désignées par l'article 2, mais qui sont distinguées par les fonctions qu'elles exercent ou ont exercées.

TITRE II.

Honneurs civils.

SECTION Ire.

LE PRÉSIDENT DE LA RÉPUBLIQUE.

Art. 9. Dans les voyages du Président de la République, le préfet le reçoit à la limite du département.

Chaque sous-préfet le reçoit pareillement à la limite de l'arrondissement.

Le maire, les adjoints et le conseil municipal le reçoivent au lieu d'arrivée.

Art. 10. A l'entrée du Président de la République dans chaque commune, toutes les cloches sonnent à la volée.

Art. 11. Dans les villes où le Président de la République s'arrête ou séjourne, les corps et les autorités mentionnés dans l'article 1er du présent décret sont avertis de l'heure à laquelle le Président de la République les recevra. Ils sont admis dans l'ordre des préséances établi dans le même article.

Art. 12. Lorsque le Président de la République a séjourné dans une ville, les autorités qui l'ont reçu à l'arrivée se trouvent à son départ pour le saluer.

SECTION II.

LES MINISTRES ET LES SOUS-SECRÉTAIRES D'ÉTAT.

Art. 13. Lors de son entrée dans une ville, un Ministre ou un Sous-Secrétaire d'Etat est reçu au lieu d'arrivée par le préfet, le sous-préfet, le maire et les adjoints.

Les corps et les autorités mentionnés dans l'article 1er du présent décret sont avertis de l'heure à laquelle le Ministre ou le Sous-Secrétaire d'Etat les recevra. Ils sont admis dans l'ordre des préséances établi dans le même article.

Art. 14. Le maire et les adjoints vont, au moment de son départ, prendre congé de lui.

SECTION III.

LES REPRÉSENTANTS DIPLOMATIQUES.

Art. 15. Les honneurs civils ne sont rendus aux ambassadeurs ou ministres étrangers que par un ordre du Ministre de l'intérieur, après entente avec le Ministre des affaires étrangères.

De même pour les agents diplomatiques de France qui se trouveraient en fonction représentative sur le territoire français.

SECTION IV.

LES AUTORITÉS CIVILES ET MILITAIRES.

Art. 16. Les préfets, les officiers généraux désignés dans les sections VII, VIII et IX du titre III du présent décret, les autorités placées à la tête des corps judiciaires, les recteurs et les sous-préfets, lorsqu'ils prennent possession de leurs fonctions, font visite aux autorités dénommées avant eux dans l'ordre des préséances établi dans l'article 2 du présent décret, et qui résident dans la ville. Ils reçoivent ensuite les honneurs civils d'après les dispositions suivantes :

1° Lorsque le premier président de la Cour de cassation ou le procureur général près la même cour est installé, la cour d'appel et les tribunaux qui siègent dans la même ville vont le complimenter : la cour d'appel par une députation composée du premier président, du procureur général et de quatre conseillers ; les tribunaux par une députation composée de la moitié des membres de chaque tribunal ;

2° Le préfet, le général de division commandant du corps d'armée, le vice-amiral préfet maritime, dans les circonstances prévues aux articles 32, 34 et 35 du présent décret, reçoivent la visite de toutes les autorités civiles dénommées après eux dans l'ordre des préséances, et des fonctionnaires de toutes les administrations publiques, présentés par leurs chefs de service ;

3° Le général de division pourvu de l'un des commandements visés dans l'article 36 et le général de brigade pourvu de l'un des commandements visés dans l'article 37, dans les circonstances prévues dans les mêmes articles, le général de division et le général de brigade exerçant les fonctions de commandant d'armes dans une garnison où il n'existe pas de commandant territorial, les contre-amiraux, majors généraux de la marine, reçoivent la visite des autorités dénommées après eux dans l'ordre des préséances, et celle des chefs des différents services de l'État ;

4° Le premier président de la cour d'appel, le procureur général près la même cour et le recteur reçoivent la visite des autorités dénommées après eux dans l'ordre des préséances ;

5° Le sous-préfet, lorsqu'il arrive pour la première fois dans le chef-lieu ou dans un chef-lieu de canton, ou dans une commune de son arrondissement, reçoit la visite des autorités dénommées après lui dans l'ordre des préséances établi par l'article 2 du présent décret et celle de tous les fonctionnaires des administrations publiques présentés par leurs chefs de service.

Art. 17. Le secrétaire général de la préfecture, lorsqu'il prend possession de ses fonctions au chef-lieu du département, fait visite aux autorités dénommées avant lui dans l'ordre des préséances.

Art. 18. Les autorités militaires, les autorités placées à la tête des corps judiciaires désignés dans l'article 16 et le recteur

informent le préfet ou le sous-préfet du jour et de l'heure auxquels ils doivent recevoir les honneurs civils qui leur sont dus.
Le préfet ou le sous-préfet en prévient officiellement les intéressés.

TITRE III.

Honneurs militaires.

SECTION Ire.

LE PRÉSIDENT DE LA RÉPUBLIQUE.

Art. 19. Lorsque le Président de la République entre dans une
ville possédant une garnison ou dans un camp à l'intérieur,
toutes les troupes prennent les armes et se forment en haie sur
son passage, ou sont établies sur les places.

Les tambours et les clairons battent et sonnent aux champs ;
les trompettes sonnent la marche ; les musiques jouent l'hymne
national ; les drapeaux, les étendards et les officiers saluent ;
les sous-officiers et les soldats prennent la position réglementaire.

Il est tiré cent un coups de canon.

Il est fourni au Président de la République une escorte d'honneur composée de deux escadrons commandés par un colonel.
La gendarmerie tout 'entière prend part au service d'ordre et
d'honneur.

Les mêmes honneurs lui sont rendus à son départ.

Art. 20. Les officiers généraux pourvus d'un commandement
dans la place se mettent à la tête des troupes ; ceux qui sont
pourvus d'un service se joignent aux états-majors correspondants, où ils prennent rang d'après leur grade.

Art. 21. Le général de division commandant le territoire ou,
à son défaut, le général exerçant après lui le plus haut commandement, se place et marche près de la portière de droite.
Le commandant de l'escorte se place et marche près de la portière de gauche.

Art. 22. Lorsque le Président de la République s'arrête dans
une ville ou dans un camp à l'intérieur, les troupes de la garnison fournissent un poste d'honneur composé d'un bataillon ou
d'un escadron, avec drapeau ou étendard, commandé par le chef
de corps.

Art. 23. Dès que le Président de la République est arrivé, le colonel qui commande ledit poste d'honneur prend les ordres et la consigne du secrétaire général de la présidence de la République.

Art. 24. Lorsque le Président de la République passe devant des troupes, celles-ci rendent les honneurs prescrits dans l'article 19, paragraphe 2.

Art. 25. Si une troupe en marche rencontre le Président de la République, elle s'arrête et lui fait face pour rendre les honneurs prescrits dans l'article 19, paragraphe 2.

Art. 26. Lorsque le Président de la République passe devant un corps de garde, poste ou piquet, les troupes prennent les armes et rendent les honneurs prescrits dans l'article 19, paragraphe 2.

Art. 27. Lorsque le Président de la République reçoit les officiers d'une garnison ou d'un camp, ceux-ci lui sont présentés par le commandant d'armes.

SECTION II.

LES MINISTRES ET LES SOUS-SECRÉTAIRES D'ÉTAT.

Art. 28. Lorsqu'un Ministre ou un Sous-Secrétaire d'État entre dans une ville possédant une garnison, toutes les troupes de la garnison prennent les armes et se forment sur son passage ; les tambours et les clairons battent et sonnent aux champs ; les trompettes sonnent la marche, les musiques jouent l'hymne national ; les officiers saluent de l'épée ou du sabre.

Il lui est fourni, sur sa demande, une escorte d'honneur composée d'un escadron commandé par un chef d'escadron. Cinq brigades de gendarmerie, commandées par un capitaine, prennent part au service d'ordre et d'honneur.

Il a une garde d'honneur de quarante hommes commandés par un capitaine ; elle fournit deux sentinelles. Le tambour de la garde bat et son clairon sonne aux champs, la troupe rend les honneurs.

Les troupes, postes, gardes ou piquets et sentinelles devant lesquels il passe, prennent les armes et rendent les honneurs ; les officiers saluent de l'épée ou du sabre ; les tambours et les clairons battent et sonnent aux champs ; les trompettes sonnent la marche.

Il lui est fait des visites de corps.

Il reçoit à son départ les mêmes honneurs qu'à son arrivée.

SECTION III.

LE SÉNAT ET LA CHAMBRE DES DÉPUTÉS.

Art. 29 (1). Lorsque le Sénat ou la Chambre des députés se rend en corps à une cérémonie publique, il lui est fourni une escorte d'honneur dont l'importance est déterminée par son président.

Lorsque le bureau du Sénat ou le bureau de la Chambre des députés se rend en corps à une cérémonie publique, il lui est fourni une escorte d'honneur composée d'un escadron ou de deux compagnies d'infanterie sous le commandement d'un capitaine, divisés en avant, en arrière et sur les flancs du cortège.

Ces escortes d'honneur sont fournies sur la demande de l'une ou de l'autre Chambre.

Les troupes, postes, gardes ou piquets et sentinelles devant lesquels passe le cortège, prennent les armes et rendent les honneurs prévus à l'article 28, paragraphe 4.

Les honneurs déterminés par le paragraphe précédent sont également rendus au passage du président du Sénat ou de la Chambre des députés.

SECTION IV.

LE CONSEIL D'ÉTAT.

Art. 30. Lorsque le Conseil d'Etat se rend en corps à une cérémonie, il lui est fourni, sur la demande du vice-président, une escorte d'honneur d'un escadron ou d'une compagnie sous le commandement d'un capitaine.

L'escorte est réduite de moitié et commandée par un lieutenant lorsque le Conseil d'Etat n'est représenté que par une députation.

Les postes devant lesquels le Conseil d'Etat passe avec son escorte, prennent les armes et rendent les honneurs ; les tambours battent et les clairons sonnent aux champs ; les trompettes sonnent la marche.

SECTION V.

LES REPRÉSENTANTS DIPLOMATIQUES.

Art. 31. Les honneurs militaires ne sont rendus aux ambassadeurs ou ministres étrangers, que par ordre des Ministres de la guerre ou de la marine, après entente avec le Ministre des affaires étrangères.

De même pour les agents diplomatiques de France qui se trouveraient en fonction représentative sur le territoire français.

---

(1) Texte nouveau. (Décret du 8 juillet 1908, B. O., p. 1245.)

SECTION VI.

LES PRÉFETS.

Art. 32. Lorsqu'il arrive pour la première fois au chef-lieu ou lors de la première tournée dans chaque chef-lieu d'arrondissement ou de canton ou dans une ville de garnison du département, le préfet reçoit la visite des autorités militaires en résidence dans ces mêmes villes.

Il lui est fait des visites de corps.

Art. 33. Lors des fêtes et des cérémonies publiques, une escorte d'honneur composée de trente hommes commandés par un officier, accompagne le préfet au lieu de la cérémonie et le reconduit.

A défaut de troupes, le commandant de gendarmerie fournit au préfet une escorte de deux brigades de gendarmerie, commandée par un officier.

Les postes, gardes ou piquets devant lesquels passe le préfet en uniforme, avec ou sans escorte, prennent les armes et rendent les honneurs ; les tambours battent et les clairons sonnent le rappel ; les trompettes sonnent des appels.

Le préfet en uniforme a droit au salut des militaires et marins de tous grades.

SECTION VII.

LES GÉNÉRAUX DE DIVISION GOUVERNEURS DE PARIS OU DE LYON, OU COMMANDANTS DE CORPS D'ARMÉE ET LES VICE-AMIRAUX PRÉFETS MARITIMES.

Art. 34. Lorsque le général de division commandant le corps d'armée se rend pour la première fois au chef-lieu de son commandement, ou dans une place qui dépend de ce commandement, un détachement de la garnison comprenant l'effectif d'un bataillon, avec drapeau ou étendard et musique, commandé par un colonel, ou, à défaut, par l'officier le plus élevé en grade après lui, rend les honneurs, devant l'hôtel du corps d'armée, dans les conditions prescrites par l'article 28, paragraphe 1er.

Sa garde d'honneur est de trente hommes commandés par un lieutenant ; elle fournit deux sentinelles.

Il lui est fait des visites de corps.

Art. 35. Les dispositions de l'article précédent s'appliquent à un vice-amiral préfet maritime quand il prend possession de son commandement.

SECTION VIII.

LES GÉNÉRAUX DE DIVISION COMMANDANT UN GROUPE DE SUBDIVISIONS
DE RÉGION OU COMMANDANTS SUPÉRIEURS D'UN GROUPE DE PLACES
FORTES.

Art. 36. Lorsqu'un général de division commandant un groupe
de subdivisions de région ou commandant supérieur d'un groupe
de places fortes se rend pour la première fois au chef-lieu de son
commandement, ou entre pour la première fois dans une place
qui en dépend, si ce chef-lieu ou cette place n'est pas la résidence
du commandant de corps d'armée, ou du préfet maritime, un
détachement de la garnison comprenant l'effectif d'un demi-
bataillon, avec drapeau ou étendard et musique, commandé par
un colonel, ou, à défaut, par l'officier le plus élevé en grade
après lui, rend les honneurs devant l'hôtel du commandement ;
les tambours battent et les clairons sonnent le rappel ; les trompettes sonnent des appels, la musique joue l'hymne national ; les
officiers supérieurs saluent.

Sa garde d'honneur est de trente hommes commandés par un
lieutenant ; elle fournit deux sentinelles.

Il lui est fait des visites de corps.

SECTION IX.

LES GÉNÉRAUX DE BRIGADE COMMANDANT UNE OU PLUSIEURS SUBDIVI-
SIONS DE RÉGION OU COMMANDANTS SUPÉRIEURS D'UN GROUPE DE
PLACES FORTES ET LES MAJORS GÉNÉRAUX DE LA MARINE.

Art. 37. Lorsqu'un général de brigade commandant une ou
plusieurs subdivisions de région ou commandant supérieur d'un
groupe de places fortes se rend pour la première fois au chef-lieu
de son commandement ou dans une place qui en dépend, si cette
place n'est pas la résidence d'une autorité militaire visée dans les
articles 34, 35 et 36, un détachement de la garnison, comprenant
l'effectif de deux compagnies, avec musique, commandé par un
chef de bataillon, ou, à son défaut, par l'officier le plus élevé en
grade après lui, rend les honneurs devant l'hôtel du commandement ; la musique joue l'hymne national ; le commandant de la
troupe salue.

Sa garde est de vingt hommes commandés par un officier ; elle
fournit une sentinelle.

Il lui est fait des visites de corps.

Art. 38. Les dispositions de l'article précédent s'appliquent à un major général de la marine quand il prend possession de son commandement.

SECTION X.

LES SOUS-PRÉFETS ET LES SECRÉTAIRES GÉNÉRAUX.

Art. 39. Lorsqu'un sous-préfet arrive pour la première fois dans une ville de garnison de son arrondissement, il reçoit la visite des autorités militaires dénommées après lui dans l'article 2, paragraphe 2, ainsi que les délégations des corps de troupe et des services de cette garnison.

Le sous-préfet et le secrétaire général en uniforme doivent le salut aux officiers généraux et fonctionnaires assimilés ; ils ont droit au salut de tous les autres officiers, militaires et marins. Les sentinelles devant lesquelles ils passent en uniforme prennent la position réglementaire.

SECTION XI.

CORPS JUDICIAIRES.

Art. 40. Lorsque la Cour de cassation ou la Cour des comptes se rend en corps auprès du Président de la République, ou à une cérémonie publique, il lui est fourni, sur la demande de son premier président, une escorte d'honneur composée d'un demi-escadron ou d'une compagnie sous le commandement d'un capitaine.

Cette escorte est réduite de moitié, sous le commandement d'un officier, lorsque ces cours ne sont représentées que par une députation.

Les postes devant lesquels ces cours passent avec leur escorte prennent les armes et rendent les honneurs ; les tambours battent et les clairons sonnent le rappel ; les trompettes sonnent des appels.

SECTION XII.

DISPOSITIONS COMMUNES AUX HONNEURS MILITAIRES.

Art. 41. Les ordres relatifs aux honneurs à rendre dans les cas prévus aux articles 19 et 28 sont donnés directement par le Ministre de la guerre ou le Ministre de la marine, suivant le cas.

Art. 42. Les honneurs militaires ne se rendent que pendant le jour.

Art. 43. Les gardes d'honneur ne rendent les honneurs militaires qu'aux personnes supérieures ou égales en grade ou en dignité à celles près desquelles elles sont placées ; et alors les honneurs restent les mêmes.

Art. 44. Les honneurs militaires ne se cumulent pas ; ne sont rendus que ceux qui sont attribués à la dignité ou au grade supérieur.

Art. 45. Les officiers généraux qui commandent par intérim ou pendant l'absence des commandants titulaires n'ont droit qu'aux honneurs militaires de leur grade. (1).

Art. 46. Pour les visites de corps, la grande tenue est de rigueur. Toutefois, le lendemain de l'arrivée et la veille du départ d'un corps de troupe, les visites se font en tenue de route.

TITRE IV.

Dispositions communes aux honneurs civils et militaires.

Art. 47. En cas de mission extraordinaire, les délégués du Gouvernement, conseillers d'État ou hauts fonctionnaires, ont droit aux honneurs tels qu'ils sont déterminés par assimilation. s'il y a lieu, par le décret pris en conseil des Ministres instituant la mission.

Art. 48. Les honneurs ne se délèguent pas.
Toutefois, lors d'une cérémonie publique, l'intérimaire occupe la place réservée au titulaire de la fonction.

Art. 49. Aucun fonctionnaire civil ou militaire, aucune autorité publique ne peut exiger ni rendre d'autres honneurs que ceux qui sont déterminés par le présent décret.

Art. 50. En dehors des cas prévus par le titre V du présent décret, il n'est rendu aucun honneur civil ou militaire à aucune autorité civile ou militaire dans les lieux où se trouve le Président de la République au cours de ses voyages, tout le temps de sa résidence et pendant les vingt-quatre heures qui précèdent son arrivée ou qui suivent son départ.

Art. 51. Les visites reçues en exécution des dispositions de la section IV du titre II et des sections VI, VII, VIII, IX et X du titre III du présent décret sont rendues dans les vingt-quatre heures aux autorités qui les ont faites, et celles des corps ou des fonctionnaires des divers services publics le sont dans la personne des chefs de ces corps ou de ces services et dans le même délai.

---

(1) Voir page 180 la circulaire du 6 octobre 1911.

TITRE V.

Des honneurs funèbres (1).

SECTION Iᵉ.

HONNEURS FUNÈBRES CIVILS.

Art. 52. Lorsqu'une des personnes désignées dans l'article 2
du présent décret meurt, les autorités dénommées après elle
dans l'ordre des préséances occupent dans le convoi le rang
prescrit par ledit article.

Les délégations des corps constitués assistent au convoi dans
les conditions qui sont déterminées pour chaque cas par le
Gouvernement, et suivant les ordres ou invitations qui leur sont
adressés par le Ministre dont ils relèvent.

SECTION II.

HONNEURS FUNÈBRES MILITAIRES.

Art. 53. Il est rendu des honneurs funèbres par les troupes
au Président de la République, aux présidents du Sénat et de
la Chambre des députés, aux Ministres et sous-secrétaires d'E-
tat, aux ambassadeurs français morts en fonctions; aux sénateurs et députés dont les obsèques sont célébrées dans une ville
ayant une garnison; aux conseillers d'Etat morts en fonction
dans la ville où siège le Conseil d'Etat; aux préfets dans leur
département; aux membres de la Légion d'honneur; aux militaires et marins de tous grades (2).

Art. 54. Pour le Président de la République, les drapeaux et
étendards de l'armée prennent le deuil; les bâtiments de la
flotte mettent leurs pavillons en berne.

Les pavillons des monuments et établissements publics sont
également mis en berne.

Les fonctionnaires civils et militaires portent le deuil dans
l'exercice de leurs fonctions,

Tous les corps de l'Etat sont convoqués aux funérailles.

Les honneurs militaires sont rendus par la totalité de la garnison.

Toutes les autres dispositions concernant les funérailles d

---

(1) Loi du 15 novembre 1887 sur la liberté des funérailles : Art. 1ᵉʳ. Toutes les dispositions légales relatives aux honneurs funèbres seront appliquées, quel que soit le caractère des funérailles, civil et religieux. Art. 2.
ne pourra jamais être établi, même par voie d'arrêté, des prescriptions particulières applicables aux funérailles, en raison de leur caractère civil o
religieux.

(2) Texte nouveau. (Décret du 8 août 1913, B. O., p. 1405.)

Président de la République, ainsi que la durée du deuil, sont réglées par le Gouvernement.

Art. 55. Les détachements devant assister au convoi des personnes désignées à l'article 53 ci-dessus ont les effectifs suivants :

Pour le président du Sénat et pour le président de la Chambre des députés ; pour les Ministres et pour les Sous-Secrétaires d'Etat : les trois quarts de la garnison ;

Pour un ambassadeur français, un préfet, un général de division commandant un corps d'armée, ou un vice amiral préfet maritime : les deux tiers de la garnison ;

Pour un général de division ou un vice-amiral : la moitié de la garnison ;

Pour un général de brigade ou un contre-amiral : le tiers de la garnison ;

Pour un sénateur ou un député dont les obsèques sont célébrées comme il est dit à l'article 53, pour un conseiller d'Etat mort dans l'exercice de ses fonctions et dans la ville où siège le Conseil d'Etat : un bataillon ou deux escadrons, avec drapeau et musique commandés par un colonel (1).

Les mêmes honneurs funèbres sont rendus aux officiers généraux et fonctionnaires des différents services de la guerre et de la marine, titulaires de grades ou de rangs correspondant à ceux de généraux de division ou vice-amiraux et de généraux de brigade ou contre-amiraux, d'après la correspondance de leur grade avec ceux du général de division et du général de brigade. Les contrôleurs généraux de 1re classe de l'administration de la guerre et de la marine reçoivent les honneurs funèbres dus aux généraux de division. Les contrôleurs généraux de 2e classe de l'administration de la guerre et de la marine, les inspecteurs généraux des colonies reçoivent les honneurs funèbres dus aux généraux de brigade.

Les honneurs funèbres attribués aux militaires et marins des grades non spécifiés dans le présent article sont déterminés par le règlement sur le service dans les places de guerre et les villes ouvertes (2).

Art. 56. Les grands-croix de la Légion d'honneur sont traités comme les généraux de division commandants de corps d'armée ; les grands-officiers de la Légion d'honneur, comme les généraux de division du cadre d'activité ; les commandeurs comme les colonels ; les officiers comme les chefs de bataillon ou d'escadron ; les chevaliers comme les lieutenants du cadre d'activité.

____

(1) Texte nouveau. (Décret du 8 août 1913, *B. O.*, p. 1005.)
(2) Décret du 7 octobre 1909 sur le service de place.

Art. 57. Pour le calcul de l'effectif des détachements prév
à l'article 55, la garnison n'est considérée que comme étant a
maximum d'une division.

Dans les villes qui n'ont pour garnison qu'un régiment c
fraction de régiment, et dans les cas prévus par les paragr
phes 2, 3, 4, 5 et 7 de l'article 55, toutes les troupes prenne
les armes.

Art. 58. Les honneurs définis par l'article 55 appartienne
exclusivement aux officiers généraux de la 1re section du cad
de l'état-major général de l'armée.

Dispositions générales.

Art. 59. Sont abrogés le décret du 24 messidor de l'an XII
toutes dispositions contraires à celles du présent décret.

Les honneurs à rendre à bord des bâtiments de la flotte fc
l'objet de décrets spéciaux, préparés par le Ministre de la m
rine, en conformité des principes posés par le présent décr

Art. 60. Les Ministres sont, chacun en ce qui le concerr
chargés de l'exécution du présent décret, qui sera publié
Journal officiel de la République française et inséré au *Bulle
des lois.*

Fait à Paris, le 16 juin 1907.

A. FALLIÈRES.

Par le Président de la République :

Le Président du Conseil, Ministre de l'intérieur.

G. CLEMENCEAU.

---

*Arrêté relatif aux rangs des autorités et fonctionnaires relev
du Département de la guerre, dans les cérémonies pub
ques.*

(Cabinet du Ministre ; Bureau de la Correspondance général

Paris, le 21 août 1907.

Le Ministre de la guerre,

Vu l'article 1er du décret du 16 juin 1907 relatif aux cé
monies publiques, préséances, honneurs civils et militaires,

Arrête :

Article unique. Les rangs que les autorités et fonctionnaires relevant du Département de la guerre doivent occuper dans les cérémonies publiques par application de l'article 1er, paragraphe 1 (Paris) et paragraphe 2 (Départements) du décret du 16 juin 1907 sont déterminés comme il suit :

I. — A Paris.

N° 22. — Après les délégations du ministère des finances :

Le chef du cabinet et l'état-major particulier du Ministre ;

Le directeur du cabinet du Sous-Secrétaire d'Etat ;

La députation de l'état-major de l'armée ;

La députation du corps de contrôle de l'administration de l'armée ;

Les directeurs, sous-directeurs et chef du service intérieur du ministère de la guerre ainsi que la députation des officiers supérieurs et assimilés attachés aux directions du ministère de la guerre (1) ;

Les députations des comités techniques et des sections techniques :

> Comité technique d'état-major ;
> Comité technique de l'infanterie ;
> Comité technique de la cavalerie ;
> Comité technique de l'artillerie et comité consultatif des poudres et salpêtres ;
> Comité technique du génie ;
> Comité technique des troupes coloniales ;
> Comité technique de la gendarmerie ;
> Comité technique de l'intendance ;
> Comité technique de santé ;

Le général commandant l'Ecole supérieure de guerre et la députation des officiers supérieurs qui y sont attachés ;

Le général commandant l'Ecole polytechnique et la députation des officiers supérieurs qui y sont attachés ;

Le général commandant l'Ecole spéciale militaire et la députation des officiers supérieurs qui y sont attachés ;

---

(1) Voir page 185 l'arrêté du 26 décembre 1911, relatif à la députation du service géographique.

Les directeur et sous-directeur de l'Ecole d'application du service de santé militaire ;

Le directeur de l'Ecole d'application des poudres et salpêtres.

N° 30. — L'état-major du gouvernement militaire de Paris ;

L'état-major du corps d'armée des troupes coloniales ;

L'état-major du commandant supérieur de la défense et du camp retranché de Paris, commandant la place de Paris ;

Le général de brigade commandant le département de la Seine et les officiers supérieurs de son état-major ;

Le général de division de la section de réserve, directeur du musée de l'Armée, et les officiers supérieurs de l'établissement des Invalides ;

Le colonel et les officiers supérieurs de la légion de la garde républicaine ;

Le colonel et les officiers supérieurs du régiment des sapeurs-pompiers de Paris ;

Le général commandant l'artillerie de la place et des forts de Paris, les officiers supérieurs de son état-major, l'officier supérieur commandant l'arrondissement d'artillerie de Paris, les officiers supérieurs et officiers d'administration principaux de l'arrondissement ;

Le général commandant le génie du gouvernement militaire de Paris, les officiers supérieurs de son état-major, le directeur du génie de Paris, les chefs du génie en résidence à Paris, les officiers supérieurs et les officiers d'administration principaux de la direction et des chefferies, le directeur des services du matériel du génie, le chef du dépôt central de la télégraphie militaire, les officiers supérieurs et officiers d'administration principaux de la direction des services du matériel du génie et du dépôt central de la télégraphie militaire ;

L'intendant général directeur du service de l'intendance du gouvernement militaire de Paris, l'intendant militaire adjoint au directeur et les sous-intendants militaires sous leurs ordres en résidence à Paris, le sous-intendant militaire de la 1re division de cavalerie et les sous-intendants militaires des 6e, 7e et 10e divisions d'infanterie; les officiers d'administration principaux attachés au service de l'intendance.

L'intendant général directeur du service de l'intendance du corps d'armée des troupes coloniales, les intendants, sous-intendants, officiers d'administration principaux du corps de l'intendance des troupes coloniales en service à Paris (1).

Le médecin inspecteur directeur du service de santé du gouvernement militaire de Paris, les médecins chefs des hôpitaux, le médecin principal et le médecin-major de 1re classe chargés

---

(1) Alinéa ajouté. (Décret du 29 juin 1914, *B. O.*, p. 1176.)

du service médical de la place de Paris, les médecins militaires
et pharmaciens militaires assimilés aux officiers supérieurs en
service à Paris, les officiers d'administration principaux attachés
au service de santé ;

Le médecin inspecteur (ou médecin principal) directeur du
service de santé des troupes coloniales, les médecins inspecteurs,
les médecins et pharmaciens militaires des troupes coloniales
assimilés aux officiers supérieurs, en service à Paris.

Le commissaire du gouvernement près les conseils de guerre ;

Le colonel chef de la légion de gendarmerie de Paris, et le
chef d'escadron commandant la compagnie de gendarmerie de
la Seine ;

Le colonel commandant le recrutement de la Seine, les officiers supérieurs des bureaux annexes ;

Le commandant du dépôt de remonte de Paris ;

Le vétérinaire principal directeur du service vétérinaire du
gouvernement militaire de Paris ;

Les généraux et officiers supérieurs de la 6ᵉ division d'infanterie (11ᵉ et 12ᵉ brigades) (1) ;

Les généraux et officiers supérieurs de la 7ᵉ division d'infanterie (13ᵉ et 14ᵉ brigades) (1) ;

Les généraux et officiers supérieurs de la 10ᵉ division d'infanterie (19ᵉ et 20ᵉ brigades) (1) ;

L'officier supérieur commandant le 19ᵉ escadron du train des
équipages militaires ;

Le général commandant la 1ʳᵉ division de cavalerie et son
chef d'état-major, le général et les officiers supérieurs de la
2ᵉ brigade de cuirassiers et le chef d'escadron commandant l'artillerie de cette division ;

Les généraux et les officiers supérieurs de la 1ʳᵉ division d'infanterie coloniale (5ᵉ brigade) ;

Le général et les officiers supérieurs de la brigade d'artillerie
coloniale ;

La députation des officiers généraux des armées de terre dans
la section de réserve présents à Paris ;

La députation des officiers supérieurs de réserve et des officiers supérieurs de l'armée territoriale présents à Paris ;

II. — Dans les départements.

Les officiers supérieurs des corps de troupe de l'artillerie,
suivant le rang de leurs corps respectifs dans l'ordre de bataille ;

---

(1) Cette prescription ne s'applique pas aux officiers supérieurs des
régiments stationnés extra-muros.

Les officiers supérieurs des corps de troupe du génie, suivant le rang de leurs corps respectifs dans l'ordre de bataille ;

Les officiers supérieurs des corps de troupe d'infanterie, suivant le rang de leurs corps respectifs dans l'ordre de bataille ;

L'officier supérieur commandant l'escadron du train ;

Les officiers supérieurs des corps de troupe de cavalerie, suivant le rang de leurs corps respectifs dans l'ordre de bataille ;

Les directeurs ou commandants des écoles militaires et les officiers supérieurs ou assimilés de ces écoles ;

Les officiers supérieurs de l'état-major particulier de l'artillerie, et les officiers d'administration principaux du service de l'artillerie ;

Les officiers supérieurs de l'état-major particulier du génie et les officiers d'administration principaux du service du génie;

Les directeurs du service de l'intendance de la région et du corps d'armée, les sous-intendants militaires et les officiers d'administration principaux des bureaux de l'intendance, des subsistances, de l'habillement et du campement ;

Les ingénieurs des poudres et salpêtres ;

Le directeur du service de santé du corps d'armée, les médecins chefs et les médecins et pharmaciens militaires des hôpitaux assimilés aux officiers supérieurs ;

Les officiers d'administration principaux du service des hôpitaux ;

Le commissaire du gouvernement près le conseil de guerre ;

Le chef de la légion de gendarmerie et le chef d'escadron commandant la compagnie ;

Le commandant du bureau de recrutement ;

Le commandant du dépôt de remonte ;

Le vétérinaire principal directeur du ressort vétérinaire ;

Les officiers interprètes principaux ;

La députation des officiers généraux de la section de réserve présents dans la localité ;

La députation des officiers supérieurs de réserve et des officiers supérieurs de l'armée territoriale.

*Décret relatif à l'ordre des corps et des autorités
dans les cérémonies publiques en Algérie.*

(Cabinet du Ministre ; Bureau de la Correspondance générale.)

Paris, le 5 octobre 1907.

RAPPORT AU PRÉSIDENT DE LA RÉPUBLIQUE FRANÇAISE.

Monsieur le Président,

Le 16 juin dernier, vous avez bien voulu consacrer la substitution aux règles surannées du décret du 24 messidor an XII d'une réglementation nouvelle, adaptée à l'esprit et à la forme des institutions de la République. Mais ce premier décret n'ayant disposé que pour la métropole, il est à la fois logique et nécessaire de généraliser, sans plus attendre, l'application des principes qu'il renferme en l'étendant à l'Algérie. Placée sous l'autorité d'un gouverneur général civil, qui dispose de pouvoirs considérablement accrus par la suppression presque totale du régime des rattachements ; dotée de l'autonomie financière, notre possession de l'Afrique du Nord jouit d'une organisation politique et administrative complète, où l'on retrouve un grand nombre des institutions de la métropole, mais où l'on compte également des institutions spéciales, appropriées soit à l'Algérie personne civile, soit à sa population indigène.

Le nouveau décret a donc un double but :

1° Il étend à l'Algérie toutes les dispositions du décret du 16 juin qui concerne les corps et les autorités institués par la législation métropolitaine déclarée applicable à l'Algérie ;

2° Il édicte des règles spéciales, déterminées d'après l'importance respective de leur mandat ou de leurs fonctions, en faveur des corps et des autorités d'Algérie n'ayant pas de similaire en France, et il donne aux uns comme aux autres la place qui leur convient légitimement dans la hiérarchie protocolaire.

De même que le premier, ce règlement d'administration publique a été élaboré par la commission interministérielle constituée en 1903, qui a discuté les propositions du gouverneur général ; le Conseil d'État l'a ensuite adopté, et je me suis borné à en mettre le texte d'accord, au point de vue de la rédaction et de l'ordonnancement, avec celui qui a reçu l'adhésion unanime de tous mes collègues et qui est devenu le décret organique du **16 juin 1907.**

La seule disposition exceptionnelle à signaler concerne le maintien d'une salve d'artillerie en l'honneur des membres du Gouvernement et du gouverneur général ; les considérations locales qui l'ont inspirée n'ont provoqué aucune discussion.

Dans ces conditions, j'ai l'honneur de vous prier, Monsieur le Président, de vouloir bien compléter la réforme que vous avez déjà rendue définitive pour la France en apposant votre signature sur le décret ci-après.

Veuillez agréer, Monsieur le Président, l'hommage de mon profond respect.

Le Président du Conseil, Ministre de l'intérieur,
G. CLEMENCEAU.

DÉCRET.

Le Président de la République française,

Sur le rapport du Président du Conseil, Ministre de l'intérieur,

Vu le décret du 16 juin 1907, relatif aux cérémonies publiques, préséances, honneurs civils et militaires dans la métropole ;

Le Conseil d'Etat entendu,

Décrète :

TITRE I.

Des rangs de préséance.

SECTION I.

DE L'ORDRE DES CORPS ET DES AUTORITÉS DANS LES CÉRÉMONIES PUBLIQUES.

Art. 1er. Lorsque les corps et les autorités sont convoqués ensemble, par acte du Gouvernement, aux cérémonies publiques en Algérie, ils y prennent rang ainsi qu'il suit :

1. Le gouverneur général, accompagné du secrétaire général du gouvernement général.
2. Les sénateurs et les députés.
3. Le conseil supérieur du gouvernement.
4. Les délégations financières.
5. Le conseil de gouvernement.
6. Le préfet, accompagné des secrétaires généraux de la préfecture.

7. Le conseil général.

8. Les généraux de division chargés d'inspecter les troupes stationnées en Algérie ou d'en diriger les manœuvres. Les vice-amiraux chargés d'inspecter une ou plusieurs escadres ou d'en diriger les manœuvres.

9. Le général de division commandant le corps d'armée.

10. Les grands-croix et les grands-officiers de la Légion d'honneur convoqués.

11. La cour d'appel.

12. Les généraux de division exerçant un commandement dans la place. Les vice-amiraux commandant une escadre.

13. Le recteur, accompagné du conseil académique.

14. Le président de la cour d'assises. Le président de la cour criminelle indigène.

15. Les généraux de brigade exerçant un commandement dans la place. Le contre-amiral commandant de la marine. Les contre-amiraux commandant une division navale.

16. L'inspecteur général des finances, chef de la mission, accompagné des inspecteurs de la mission.

17. Les sous-préfets.

18. Le corps municipal.

19. Les fonctionnaires chefs des services généraux du gouvernement général, d'après l'ordre fixé par arrêté réglementaire du gouvernement général.

20. Le conseil de préfecture.

21. Le tribunal de première instance. Les juges de paix. Le tribunal répressif. Les tribunaux musulmans.

22. Le tribunal de commerce.

23. La chambre de commerce. La chambre d'agriculture.

24. Le conseil académique, quand le recteur n'est pas présent.

25. L'état-major du corps d'armée.

26. L'état-major de la division.

27. L'état-major du commandement supérieur d'un groupe de places fortes. L'état-major de la subdivision ou de la brigade. L'état-major du commandement de la marine.

28. Les fonctionnaires des services rattachés directement au ministère des finances, les états-majors et les corps d'officiers de troupes ou de services, les fonctionnaires des services rattachés directement au ministère de l'instruction publique et les

professeurs, les fonctionnaires placés sous l'autorité directe du gouverneur général, suivant l'ordre des ministères établi par l'article 1er, paragraphe 1, 22° du décret du 16 juin 1907, et d'après l'ordre établi entre eux par arrêté du gouverneur général.

29. Le conseil des prud'hommes.

30. La délégation des bureaux et services du gouvernement général.

31. La délégation des comités et conseils constitués à la préfecture.

32. La délégation des établissements publics.

33. Les commissaires de police.

34. Les avoués près la cour d'appel.

35. Les avoués près le tribunal de première instance.

36. Les notaires.

37. Les agents de change.

38. Les commissaires-priseurs.

39. Les huissiers.

40. Les courtiers d'assurances maritimes et les courtiers interprètes et conducteurs de navires.

41. La délégation des employés de la préfecture ou des employés de la sous-préfecture.

42. La délégation des employés de la mairie et des services municipaux.

43. La députation des sociétés de secours mutuels.

44. La délégation des sapeurs-pompiers.

SECTION II.

DE L'ORDRE DE PRÉSÉANCE DES AUTORITÉS CONVOQUÉES INDIVIDUELLEMENT DANS LES CÉRÉMONIES PUBLIQUES.

Art. 2. Le rang de préséance des autorités civiles et militaires convoquées individuellement par acte du Gouvernement, aux cérémonies publiques, est réglé ainsi qu'il suit :

1. Le gouverneur général.

2. Le secrétaire général du gouvernement général.

3. Les sénateurs et les députés.

4. Le vice-président du conseil supérieur du gouvernement.

5. Le président de l'assemblée plénière des délégations financières.

6. Le préfet.

7. Le président du conseil général.

8. Les généraux de division chargés d'inspecter les troupes stationnées en Algérie ou d'en diriger les manœuvres. — Les vice-amiraux chargés d'inspecter une ou plusieurs escadres ou d'en diriger les manœuvres.

9. Le général de division commandant le corps d'armée.

10. Les grands-croix et les grands-officiers de la Légion d'honneur convoqués.

11. Le premier président de la cour d'appel et le procureur général près cette même cour.

12. Les généraux de division pourvus d'un commandement dans la place. Les vice-amiraux commandant une escadre.

13. Le recteur.

14. Le président de la cour d'assises. Le président de la cour criminelle indigène.

15. Les généraux de brigade exerçant un commandement dans la place. Le contre-amiral commandant de la marine. Les contre-amiraux commandant une division navale.

16. L'inspecteur général des finances, chef de la mission.

17. Les secrétaires généraux de préfecture. Les sous-préfets.

18. Le maire.

19. L'administrateur de commune mixte. Le commandant supérieur en résidence dans la commune.

20. Le président du tribunal civil et le procureur de la République près ce même tribunal.

21. Le président du tribunal de commerce.

22. Le président de la chambre de commerce.

23. Le président de la chambre d'agriculture.

24. Le commandant d'armes, lorsqu'il est officier supérieur.

Art. 3. Dans les cas prévus sous les n°ˢ 8, 12 et 15 des articles 1 et 2, dans les établissements de la marine et sur les terrains affectés au service de la marine, les officiers généraux et les états-majors de la marine ont respectivement la préséance sur les officiers et les états-majors généraux de l'armée de terre.

Art. 4. Dans aucun cas, les rangs et honneurs accordés à un corps n'appartiennent individuellement aux membres qui le composent.

SECTION III.

DES CONVOCATIONS AUX CÉRÉMONIES PUBLIQUES.

Art. 5. Les ordres du Gouvernement pour la célébration des cérémonies publiques sont adressés au gouverneur général.

Les autorités et les corps constitués dont le concours est nécessaire pour l'exécution des ordres du Gouvernement sont convoqués par écrit suivant les règles fixées par arrêté du gouverneur général.

Le gouverneur général peut également convoquer des chefs et notables indigènes ; dans ce cas, il détermine pour chacun d'eux et pour chaque cérémonie, la place qu'il doit occuper dans l'ordre établi par les articles 1 et 2 du présent décret.

SECTION IV.

DE L'ORDRE DANS LEQUEL LES AUTORITÉS MARCHENT ET SONT PLACÉES DANS LES CÉRÉMONIES PUBLIQUES.

Art. 6. Les autorités désignées dans l'article 2 convoquées aux cérémonies publiques se réunissent dans le lieu de la cérémonie et y prennent place dans l'ordre indiqué par ledit article, de sorte que la personne à laquelle la préséance est due ait toujours à sa droite celle qui doit occuper le deuxième rang, à sa gauche celle qui doit occuper le troisième, et ainsi de suite.

Si les dispositions du lieu de la cérémonie le permettent, la personne à laquelle la préséance est due est placée au milieu, les autres prenant place dans l'ordre fixé ci-dessus.

Dans le cas contraire, les autorités sont divisées en deux groupes : les autorités civiles étant placées à droite et les autorités militaires à gauche.

Elles gardent entre elles les rangs qui leur ont été respectivement attribués.

La cérémonie ne commence que lorsque l'autorité qui occupe la première place a pris séance.

Cette autorité se retire la première.

Art. 7. Il est fourni aux autorités et aux corps convoqués aux cérémonies des escortes de troupes ou de gendarmerie selon qu'il est réglé dans le titre III, intitulé « Des honneurs militaires ».

Art. 8. Dans les cérémonies publiques non prescrites par acte du Gouvernement, mais organisées par des autorités ou des corps constitués, la préséance entre les autorités qui y sont invitées est déterminée d'après l'article 2.

Lorsqu'un corps ou l'une des autorités dénommés dans les articles 1er et 2 invite, dans le local destiné à l'exercice de ses fonctions, d'autres corps ou d'autres autorités pour y assister à une cérémonie, le corps ou l'autorité qui a fait l'invitation y conserve sa place ordinaire ; les corps et les autorités invités gardent entre eux les rangs assignés par ces articles.

Peuvent, s'il y a lieu, dans les cas prévus par les deux alinéas précédents, être intercalées parmi les autorités, des personnes qui ne sont pas désignées dans l'article 2, mais qui sont distinguées par les fonctions qu'elles exercent ou ont exercées.

TITRE II.

Honneurs civils.

SECTION Ire.

LE PRÉSIDENT DE LA RÉPUBLIQUE.

Art. 9. Lorsque le Président de la République arrive en Algérie, le gouverneur général, accompagné du secrétaire général du gouvernement général, le reçoit au lieu d'arrivée.

Dans les voyages du Président de la République en Algérie, le préfet le reçoit à la limite du département.

Le général de division commandant la division territoriale le reçoit à la limite du territoire militaire.

Chaque sous-préfet le reçoit pareillement à la limite de l'arrondissement.

Le corps municipal le reçoit au lieu d'arrivée.

Art. 10. A l'entrée du Président de la République dans chaque commune, toutes les cloches sonnent à la volée.

Art. 11. Dans les villes où le Président de la République s'arrête ou séjourne, les corps et les autorités mentionnés dans l'article 1er du présent décret sont avertis de l'heure à laquelle le Président de la République les recevra. Ils sont admis dans l'ordre des préséances établi dans le même article.

Art. 12. Lorsque le Président de la République a séjourné dans une ville, les autorités qui l'ont reçu à l'arrivée se trouvent à son départ pour le saluer.

SECTION II.

LES MINISTRES ET LES SOUS-SECRÉTAIRES D'ÉTAT.

Art. 13. Lors de son entrée dans une ville, un Ministre ou un Sous-Secrétaire d'État est reçu au lieu d'arrivée par le gouverneur général, accompagné du secrétaire général du gouvernement général, le préfet, le sous-préfet et le corps municipal.

Les corps et les autorités mentionnés dans l'article 1er du présent décret sont avertis de l'heure à laquelle le Ministre ou le Sous-Secrétaire d'État les recevra. Ils sont admis dans l'ordre des préséances établi dans le même article.

Art. 14. Le corps municipal va, au moment de son départ, prendre congé de lui.

SECTION III.

LE GOUVERNEUR GÉNÉRAL.

Art. 15. Lors de la prise de possession de ses fonctions au chef-lieu du gouvernement général, le gouverneur général est reçu, au lieu d'arrivée, par le secrétaire général du gouvernement général, le préfet, les secrétaires généraux de la préfecture et le corps municipal.

Les corps et les autorités mentionnés dans l'article 1er du présent décret sont avertis de l'heure à laquelle le gouverneur général les recevra. Ils sont admis dans l'ordre des préséances établi dans le même article.

Dans les voyages en Algérie du gouverneur général, le préfet le reçoit à la limite du département. Le général de division commandant la division territoriale le reçoit à la limite du territoire militaire. Chaque sous-préfet le reçoit à la limite de son arrondissement. Le corps municipal le reçoit au lieu d'arrivée.

Les autorités qui l'ont reçu à l'arrivée se trouvent à son départ pour le saluer.

Dans les villes où le gouverneur général entre pour la première fois et où il séjourne, il reçoit la visite des autorités et des corps mentionnés dans l'article 1er comme il est spécifié dans le paragraphe 2 du présent article.

SECTION IV.

LES AUTORITÉS CIVILES ET MILITAIRES.

Art. 16. Le secrétaire général du gouvernement général, les préfets, les officiers généraux désignés dans les sections VI, VII et VIII du titre III du présent décret, le premier président de la cour d'appel et le procureur général près la même cour, le recteur et les sous-préfets, lorsqu'ils prennent possession de leurs fonctions, font visite aux autorités dénommées avant eux dans l'ordre des préséances établi dans l'article 2 du présent décret et qui résident dans la ville. Ils reçoivent ensuite les honneurs civils d'après les dispositions suivantes :

1° Le secrétaire général du gouvernement général, le préfet, le général de division commandant du corps d'armée, le général de division commandant une division territoriale, dans les circonstances prévues aux articles 31, 32, 34 et 35 du présent décret, reçoivent la visite de toutes les autorités civiles dénommées après eux dans l'ordre des préséances, et des fonctionnaires de toutes les administrations publiques, présentés par leurs chefs de service ;

2° Le général de brigade, pourvu de l'un des commandements visés dans l'article 36, dans les circonstances prévues par cet article, le général de brigade exerçant les fonctions de commandant d'armes dans une garnison où il n'existe pas de commandant territorial, le contre-amiral commandant de la marine reçoivent, dans les mêmes circonstances, la visite des autorités dénommées après eux dans l'ordre des préséances et celles des chefs des différents services de l'Etat ;

3° Le premier président de la cour d'appel, le procureur général près la même cour et le recteur reçoivent la visite des autorités dénommées après eux dans l'ordre des préséances :

4° Le sous-préfet, lorsqu'il arrive pour la première fois dans le chef-lieu ou dans un chef-lieu de canton, ou dans une commune de son arrondissement, reçoit la visite des autorités dénommées après lui dans l'ordre des préséances établi par l'article 2 du présent décret et celle des fonctionnaires des administrations publiques présentés par leurs chefs de service.

Art. 17. Les secrétaires généraux de la préfecture, lorsqu'ils prennent possession de leurs fonctions au chef-lieu du département, font visite aux autorités dénommées avant eux dans l'ordre des préséances.

Art. 18. Le secrétaire général du gouvernement général, les autorités militaires, les autorités placées à la tête de la cour d'appel et le recteur informent le préfet ou le sous-préfet du jour et de l'heure auxquels ils doivent recevoir les honneurs civils qui leur sont dus. Le préfet ou le sous-préfet en prévient officiellement les intéressés.

TITRE III.

Honneurs militaires.

SECTION Ire.

LE PRÉSIDENT DE LA RÉPUBLIQUE.

Art. 19. Lorsque le Président de la République entre dans une ville possédant une garnison ou dans un camp à l'intérieur, toutes les troupes prennent les armes et se forment en haies sur son passage, ou sont établies sur les places.

Les tambours et les clairons battent et sonnent aux champs ; les trompettes sonnent la marche ; les musiques jouent l'hymne national ; les drapeaux, les étendards et les officiers saluent ; les sous-officiers et les soldats prennent la position réglementaire.

Il est tiré cent un coups de canon.

Il est fourni au Président de la République une escorte d'honneur composée de deux escadrons commandés par un colonel. La gendarmerie tout entière prend part au service d'ordre et d'honneur.

Les mêmes honneurs lui sont rendus à son départ.

Art. 20. Les officiers généraux pourvus d'un commandement

dans la place se mettent à la tête des troupes ; ceux qui sont pourvus d'un service se joignent aux états-majors correspondants, où ils prennent rang d'après leur grade.

Art. 21. Le général de division commandant le territoire, ou, à son défaut, le général exerçant après lui le plus haut commandement, se place et marche près de la portière de droite. Le commandant de l'escorte se place et marche près de la portière de gauche.

Art. 22. Lorsque le Président de la République s'arrête dans une ville ou dans un camp à l'intérieur, les troupes de la garnison fournissent un poste d'honneur composé d'un bataillon et d'un escadron, avec drapeau ou étendard, commandé par le chef de corps.

Art. 23. Dès que le Président de la République est arrivé, le colonel qui commande ledit poste d'honneur prend les ordres et la consigne du secrétaire général de la présidence de la République.

Art. 24. Lorsque le Président de la République passe devant les troupes, celles-ci rendent les honneurs prescrits dans l'article 19, paragraphe 2.

Art. 25. Si une troupe en marche rencontre le Président de la République, elle s'arrête et lui fait face pour rendre les honneurs prescrits par l'article 19, paragraphe 2.

Art. 26. Lorsque le Président de la République passe devant un corps de garde, poste ou piquet, les troupes prennent les armes et rendent les honneurs prescrits par l'article 19, paragraphe 2.

Art. 27. Lorsque le Président de la République reçoit les officiers d'une garnison ou d'un camp, ceux-ci lui sont présentés par le commandant d'armes.

SECTION II.

LES MINISTRES ET LES SOUS-SECRÉTAIRES D'ÉTAT.

Art. 28. Lorsqu'un Ministre ou un Sous-Secrétaire d'État entre dans une ville possédant une garnison, toutes les troupes de la garnison prennent les armes et se forment sur son passage ;

les tambours et les clairons battent et sonnent aux champs; les trompettes sonnent la marche; les musiques jouent l'hymne national; les officiers saluent de l'épée ou du sabre.

Il est tiré quinze coups de canon.

Il lui est fourni, sur sa demande, une escorte d'honneur composée d'un escadron commandé par un chef d'escadron. Cinq brigades de gendarmerie, commandées par un capitaine, prennent part au service d'ordre et d'honneur.

Il a une garde d'honneur de quarante hommes commandée par un capitaine; elle fournit deux sentinelles. Le tambour de la garde bat et son clairon sonne aux champs; la troupe rend les honneurs.

Les troupes, postes, gardes ou piquets et sentinelles devant lesquels il passe, prennent les armes et rendent les honneurs; les officiers saluent de l'épée ou du sabre; les tambours et les clairons battent et sonnent aux champs, les trompettes sonnent la marche.

Il lui est fait des visites de corps.

Il reçoit à son départ les mêmes honneurs qu'à son arrivée.

SECTION III.

LE GOUVERNEUR GÉNÉRAL.

Art. 29. Lorsque le gouverneur général entre pour la première fois dans le chef-lieu ou dans une ville de garnison de son gouvernement, il reçoit les honneurs prévus à l'article 28.

Lorsque le gouverneur général passe en costume officiel devant les troupes, postes, gardes ou piquets ou sentinelles, les honneurs prévus au paragraphe 5 de l'article 28 lui sont rendus.

Lorsque le gouverneur général se rend à une cérémonie publique, une escorte d'honneur composée d'un escadron, commandé par un capitaine, l'accompagne au lieu de la cérémonie et le reconduit.

Art. 30. A l'occasion des fêtes nationales, le défilé des troupes a lieu devant le gouverneur général.

SECTION IV.

LE SECRÉTAIRE GÉNÉRAL DU GOUVERNEUR GÉNÉRAL.

Art. 31. Le secrétaire général du gouvernement général, lors

de la prise de possession de ses fonctions, reçoit la visite de
toutes les autorités militaires en résidence au siège du gouvernement général.

Il lui est fait des visites de corps.

Lorsque le secrétaire général se rend à une cérémonie à laquelle le gouverneur général n'assiste pas, un escorte d'honneur, composée de trente hommes commandés par un officier,
l'accompagne au lieu de la cérémonie et le reconduit. A défaut
de troupes, le commandant de gendarmerie fournit au secrétaire
général une escorte de deux brigades de gendarmerie commandées par un officier.

Les postes, gardes ou piquets devant lesquels il passe en costume officiel, avec ou sans escorte, prennent les armes et rendent les honneurs ; les tambours battent et les clairons sonnent
des appels.

SECTION V.

LES PRÉFETS.

Art. 32. Lorsqu'il arrive pour la première fois au chef-lieu
ou lors de sa première tournée dans chaque chef-lieu d'arrondissement, ou dans une ville de garnison du département, le
préfet reçoit la visite des autorités militaires en résidence dans
ces mêmes villes.

Il lui est fait des visites de corps.

Art. 23. Lors des fêtes et des cérémonies publiques, une
escorte d'honneur, composée de trente hommes commandés par
un officier, accompagne le préfet au lieu de la cérémonie et le
reconduit.

A défaut de troupes, le commandant de gendarmerie fournit
au préfet une escorte de deux brigades de gendarmerie commandées par un officier.

Les postes, gardes ou piquets devant lesquels passe le préfet
en uniforme, avec ou sans escorte, prennent les armes et rendent les honneurs ; les tambours battent et les clairons sonnent
le rappel; les trompettes sonnent des appels.

Le préfet en uniforme a droit au salut des militaires et marins de tous grades.

SECTION VI.

LE GÉNÉRAL DE DIVISION COMMANDANT LE CORPS D'ARMÉE.

Art. 34. Lorsque le général de division commandant le corps d'armée se rend pour la première fois au chef-lieu de son commandement, ou dans une place qui dépend de ce commandement, un détachement de la garnison comprenant l'effectif d'un bataillon, avec drapeau ou étendard et musique, commandé par un colonel ou, à défaut, par l'officier le plus élevé en grade après lui, rend les honneurs, devant l'hôtel du corps d'armée, dans les conditions prescrites par l'article 28, paragraphe 1er.

Sa garde d'honneur est de trente hommes commandés par un lieutenant ; elle fournit deux sentinelles.

Il lui est fait des visites de corps.

SECTION VII.

LES GÉNÉRAUX DE DIVISION COMMANDANT LES DIVISIONS TERRITORIALES.

Art. 35. Lorsqu'un général de division commandant une division territoriale entre pour la première fois dans une ville de garnison de son commandement, si cette ville n'est pas la résidence du commandant de corps d'armée, un détachement de la garnison comprenant l'effectif d'un demi-bataillon, avec drapeau ou étendard et musique, commandé par un colonel ou, à défaut, par l'officier le plus élevé en grade après lui, rend les honneurs devant l'hôtel du commandement. Les tambours battent et les clairons sonnent le rappel ; les trompettes sonnent des appels, la musique joue l'hymne national ; les officiers supérieurs saluent.

Sa garde d'honneur est de trente hommes commandés par un lieutenant ; elle fournit deux sentinelles.

Il lui est fait des visites de corps.

SECTION VIII.

LES GÉNÉRAUX DE BRIGADE COMMANDANT LES SUBDIVISIONS OU COMMANDANTS SUPÉRIEURS D'UN GROUPE DE PLACES FORTES ET LE CONTRE-AMIRAL COMMANDANT DE LA MARINE.

Art. 36. Lorsqu'un général de brigade commandant une subdivision ou commandant supérieur d'un groupe de places fortes se rend pour la première fois au chef-lieu de son commandement ou dans une place qui en dépend, si cette place n'est pas la résidence d'une autorité militaire visée dans les articles 34 et 35, un détachement de la garnison comprenant l'effectif de deux compagnies, avec musique, commandé par un chef de bataillon ou, à son défaut, par l'officier le plus élevé en grade après lui, rend les honneurs devant l'hôtel du commandement; la musique joue l'hymne national ; le commandant de la troupe salue.

Sa garde est de vingt hommes commandés par un officier ; elle fournit une sentinelle.

Il lui est fait des visites de corps.

Art. 37. Les dispositions de l'article précédent s'appliquent au contre-amiral commandant de la marine quand il prend possession de son commandement.

SECTION IX.

LES SOUS-PRÉFETS ET SECRÉTAIRES GÉNÉRAUX.

Art. 38. Lorsqu'un sous-préfet arrive pour la première fois dans une ville de garnison de son arrondissement, il reçoit la visite des autorités militaires dénommées après lui dans l'article 2 ainsi que les délégations des corps de troupe et des services de cette garnison.

Le sous-préfet et le secrétaire général en uniforme doivent le salut aux officiers généraux et fonctionnaires assimilés ; ils ont droit au salut de tous les autres officiers, militaires et marins. Les sentinelles devant lesquelles ils passent en uniforme prennent la position réglementaire.

SECTION X.

LA COUR D'APPEL.

Art. 39. Lorsque la cour d'appel se rend en corps à une cérémonie publique, il lui est fourni sur la demande de son premier président une escorte d'honneur composée d'un peloton de troupes à cheval ou d'une section d'infanterie, sous le commandement d'un officier.

SECTION XI.

LES ADMINISTRATEURS ET ADMINISTRATEURS ADJOINTS DE COMMUNE MIXTE.

Art. 40. L'administrateur de commune mixte en uniforme doit le salut aux officiers supérieurs et fonctionnaires assimilés; il a droit au salut de tous les autres officiers, militaires et marins et fonctionnaires assimilés.

L'administrateur adjoint en uniforme doit le salut aux officiers supérieurs, aux capitaines et aux fonctionnaires assimilés; il a droit au salut de tous les autres ofíiciers, militaires et marins et fonctionnaires assimilés.

Les sentinelles devant lesquelles passent les administrateurs et les administrateurs adjoints en uniforme prennent la position **réglementaire**.

SECTION XII.

DISPOSITIONS COMMUNES AUX HONNEURS MILITAIRES.

Art. 41. Les ordres relatifs aux honneurs à rendre dans les cas prévus aux articles 19 et 28 sont donnés directement par le Ministre de la guerre ou le Ministre de la marine, suivant les cas.

Art. 42. Les honneurs militaires ne se rendent que pendant le jour.

Art. 43. Les gardes d'honneur ne rendent les honneurs militaires qu'aux personnes supérieures ou égales en grade ou en dignité à celles près desquelles elles sont placées ; et alors les honneurs restent les mêmes.

Art. 44. Les honneurs militaires ne se cumulent pas ; ne sont rendus que ceux qui sont attribués à la dignité ou au grade supérieur.

Art. 45. Les officiers généraux qui commandent par intérim ou pendant l'absence des commandants titulaires n'ont droit qu'aux honneurs militaires de leur grade.

Art. 46. Pour les visites de corps, la grande tenue est de rigueur. Toutefois, le lendemain de l'arrivée et la veille du départ d'un corps de troupe, les visites se font en tenue de route.

TITRE IV.

Dispositions communes aux honneurs civils et militaires.

Art. 47. En cas de mission extraordinaire les délégués du Gouvernement, conseillers d'État ou hauts fonctionnaires ont droit aux honneurs tels qu'ils sont déterminés par assimilation s'il y a lieu, par le décret pris en Conseil des Ministres instituant la mission.

Art. 48. Les honneurs ne se délèguent pas.

Toutefois, lors d'une cérémonie publique, l'intérimaire occupe la place réservée au titulaire de la fonction.

Art. 49. Aucun fonctionnaire civil ou militaire, aucune autorité publique ne peut exiger ni rendre d'autres honneurs que ceux qui sont déterminés par le présent décret.

Art. 50. En dehors des cas prévus par le titre V du présent décret, il n'est rendu aucun honneur civil ou militaire dans les lieux où se trouve le Président de la République au cours de ses voyages, tout le temps de sa résidence, et pendant les vingt-quatre heures qui précèdent son arrivée ou qui suivent son départ.

Art. 51. Les visites reçues en exécution des dispositions de la section IV du titre II, et des sections IV, V, VI, VII, VIII et IX du titre III du présent décret, sont rendues dans les vingt-quatre heures aux autorités qui les ont faites, et celles des corps ou des fonctionnaires des divers services publics le sont dans la personne des chefs de ces corps ou de ces services, et dans le même délai.

TITRE V.

Des honneurs funèbres.

SECTION Ire.

HONNEURS FUNÈBRES CIVILS.

Art. 52. Les autorités et les corps constitués en Algérie, ayant leur siège dans la ville d'Algérie où ont lieu les obsèques du gouverneur général, sont convoqués ou représentés. Ils occupent dans le convoi le rang prescrit par l'article 1er du présent décret.

Lorsqu'une des personnes désignées dans l'article 2 du présent décret meurt, les autorités dénommées après elle dans l'ordre des préséances occupent dans le convoi le rang prescrit par ledit article.

Les délégations des corps constitués assistent au convoi dans les conditions qui sont déterminées pour chaque cas par le Gouvernement et suivant les ordres ou invitations qui leur sont adressés par le Ministre dont ils relèvent ou par le gouverneur général pour les services non rattachés.

SECTION II.

HONNEURS FUNÈBRES MILITAIRES.

Art. 53. Il est rendu des honneurs funèbres par les troupes, au Président de la République, au gouverneur général, au secrétaire général du gouvernement général, morts en fonctions, aux préfets dans leur département, aux membres de la Légion d'honneur, aux militaires et marins de tous grades.

Art. 54. Pour le Président de la République, les drapeaux et étendards de l'armée prennent le deuil, les bâtiments de la flotte mettent leurs pavillons en berne.

Les pavillons des monuments et établissements publics sont également mis en berne.

Les fonctionnaires civils et militaires portent le deuil dans l'exercice de leurs fonctions.

Tous les corps sont convoqués aux funérailles.

Les honneurs militaires sont rendus par la totalité de la garnison.

Toutes les autres dispositions concernant les funérailles du Président de la République, ainsi que la durée du deuil, sont réglées par le Gouvernement.

Art. 55. Pour le gouverneur général, les pavillons des bâtiments de la flotte et ceux des monuments et établissements publics sont mis en berne.

Les honneurs militaires sont rendus par la totalité de la garnison.

Les autres dispositions qu'il y a lieu de prendre sont réglées par le Gouvernement.

Art. 56. Les détachements devant assister au convoi des autres personnes désignées à l'article 53 ci-dessus ont les effectifs suivants :

Pour le secrétaire général du gouvernement général, un préfet, le général de division commandant le corps d'armée, ou un général de division commandant une division territoriale, les deux tiers de la garnison.

Pour un général de division ou un vice-amiral, la moitié de la garnison.

Pour un général de brigade ou un contre-amiral, le tiers de la garnison.

Les mêmes honneurs funèbres sont rendus aux officiers généraux et fonctionnaires des différents services de la guerre et de la marine, titulaires de grades ou de rangs correspondant à ceux de généraux de division ou vice-amiraux et de généraux de brigade ou contre-amiraux, d'après la correspondance de leur grade avec ceux du général de division et du général de brigade. Les contrôleurs généraux de 1re classe de l'administration de la guerre et de la marine reçoivent les honneurs funèbres dus aux généraux de division. Les contrôleurs généraux de 2e classe de l'administration de la guerre et de la marine reçoivent les honneurs funèbres dus aux généraux de brigade.

Les honneurs funèbres attribués aux militaires et marins des grades non spécifiés dans le présent article, sont déterminés par le règlement sur le service dans les places de guerre et les villes ouvertes (1).

Art. 57. Les grands-croix de la Légion d'honneur sont traités comme les généraux de division commandants de corps d'armée ; les grands-officiers de la Légion d'honneur comme les généraux de division du cadre d'activité ; les commandeurs comme les colonels ; les officiers comme les chefs de bataillon ou d'escadron ; les chevaliers comme les lieutenants du cadre d'activité.

Art. 58. Pour le calcul de l'effectif des détachements prévus à l'article 56, la garnison n'est considérée que comme étant au maximum d'une division.

---

(1) Décret du 7 octobre 1909 sur le service de place.

Dans les villes qui n'ont pour garnison qu'un régiment ou fraction de régiment, et dans les cas prévus par les paragraphes 2, 3, 4 et 5 de l'article 56, toutes les troupes prennent les armes.

Art. 59. Les honneurs définis par l'article 56 appartiennent exclusivement aux officiers généraux de la 1re section du cadre de l'état-major général de l'armée.

DISPOSITIONS GÉNÉRALES.

Art. 60. Sont abrogées toutes dispositions contraires à celles du présent décret.

Les honneurs à rendre à bord des bâtiments de la flotte font l'objet de décrets spéciaux, préparés par le Ministre de la marine, en conformité des principes posés par le présent décret.

Art. 61. Les Ministres sont, chacun en ce qui le concerne, chargés de l'exécution du présent décret, qui sera publié au *Journal officiel* de la République française et inséré au *Bulletin des lois* ainsi qu'au *Bulletin officiel* du gouvernement général de l'Algérie.

Fait à Rambouillet le 5 octobre 1907.

A. FALLIÈRES.

Par le Président de la République :

Le Président du Conseil, Ministre de l'intérieur.
G. CLEMENCEAU.

Décret portant application aux colonies du règlement du 7 octobre 1909 sur le service de place.

Paris, le 2 août 1912.

Art. 1er. Le décret du 7 octobre 1909. portant règlement sur le service dans les places de guerre et les villes de garnison, est, sous réserve des dispositions spéciales indiquées ci-après, applicable dans les colonies et pays de protectorat, autres que l'Algérie et la Tunisie.

Art. 2. D'une façon générale. les attributions conférées par ce règlement à certaines autorités de la métropole sont dévolües, aux colonies, à celles dont la correspondance est établie ainsi qu'il suit :

MÉTROPOLE.	COLONIES.
Ministre de la guerre.	Ministre de la guerre. Ministre des colonies, en ce qui concerne les dispositions spéciales aux points d'appui de la flotte ne se rapportant pas exclusivement au commandement, au personnel et à l'instruction. Gouverneur général ou gouverneur dans les cas spécifiés par le présent décret.
Généraux commandant les régions de corps d'armée.	Officiers généraux ou supérieurs, commandants supérieurs des troupes.
Généraux commandant les subdivisions de région.	Officiers généraux ou supérieurs investis d'un commandement territorial, ou, à défaut, commandants supérieurs des troupes.
Directeur du génie.	Commandant de l'artillerie ou, à défaut, directeur ou chef du service de l'artillerie.
Chef du génie.	Directeur, sous-directeur ou chef d'annexe, chef du service régional de l'artillerie.
Chefs de corps.	Chefs de corps ou chefs des détachements stationnés en dehors de la garnison où réside le chef de corps.

Les autres modifications et additions ont été faites au texte primitif du règlement du 7 octobre 1909.

Décret relatif aux cérémonies publiques, préséances, honneurs civils et militaires, dans les colonies.

(Cabinet du Ministre; Bureau du Personnel des Officiers généraux, Décorations, Affaires diverses et d'ordre général.)

Paris, le 10 décembre 1912.

RAPPORT AU PRÉSIDENT DE LA RÉPUBLIQUE FRANÇAISE.

Monsieur le Président.

Les 16 juin et 5 octobre 1907, vous avez bien voulu consacrer la substitution aux règles surannées du décret du 24 messidor, an XII, d'une réglementation nouvelle, adaptée à l'esprit et à la forme des institutions de la République, sur les cérémonies publiques, préséances, honneurs civils et militaires en France et en Algérie.

La commission interministérielle, constituée en 1903, qui a élaboré ces deux règlements, en avait préparé un troisième pour les colonies; mais la mise au point définitive de ce texte a été d'autant plus longue que, le décret de messidor n'ayant jamais été appliqué aux colonies, aucun acte général sur la matière n'existe actuellement dans nos possessions. Il a fallu, en outre, consulter les gouverneurs sur le régime à appliquer aux autorités indigènes dans les pays de protectorat et, d'autre part, chercher à éviter le retour d'une série d'incidents provoqués par la multiplicité des actes partiels intervenus aux colonies, et dont l'interprétation et l'adaptation à des situations constamment nouvelles a pu susciter des difficultés, qui n'ont pas d'analogue en France.

Deux commissions interministérielles, en 1909 et en 1911, se sont efforcées d'aplanir ces difficultés; j'ai l'honneur de vous présenter aujourd'hui le texte tel qu'il est sorti des délibérations du Conseil d'Etat.

Les principes généraux sur lesquels il repose demeurent les mêmes que dans les décrets applicables à la France et à l'Algérie.

Ceux-ci n'ayant pas été contresignés par les Ministres de la guerre et de la marine, mes collègues de ces deux départements ont estimé, et je me suis mis d'accord avec eux sur ce point, que leur contreseing, bien qu'il eût été prévu dans le texte adopté par le Conseil d'Etat, ne s'imposait pas au bas du décret ci-joint, que je soumets à votre haute sanction.

Veuillez agréer, Monsieur le Président, l'hommage de mon profond respect.

Le Ministre des colonies,
A. LEBRUN.

DÉCRET.

Le Président de la République française,

Sur le rapport du Ministre des colonies,

Vu le décret du 16 juin 1907, relatif aux cérémonies publiques, préséances, honneurs civils et militaires, dans la métropole;

Vu le sénatus-consulte du 3 mai 1854;

Le Conseil d'État entendu,

Décrète :

TITRE 1er.

DES RANGS ET PRÉSÉANCES.

SECTION 1re.

DE L'ORDRE DES CORPS ET DES AUTORITÉS DANS LES CÉRÉMONIES PUBLIQUES.

Art. 1er. Lorsque les corps et les autorités sont convoqués ensemble aux cérémonies publiques dans les colonies et pays de protectorat dépendant du ministère des colonies, ils y prennent rang ainsi qu'il suit :

1° Le gouverneur général, le gouverneur ou administrateur chef de la colonie, accompagné du secrétaire général du gouvernement général ou du secrétaire général de la colonie;

2° Le lieutenant gouverneur, le résident supérieur ou autre chef d'une colonie ou d'un territoire dépendant directement d'un gouvernement général ou d'un gouvernement, accompagné du secrétaire général de la colonie ou du territoire;

3° Le sénateur et les députés de la colonie;

4° Les généraux de division chargés d'une inspection, les vice-amiraux chargés d'une inspection ou commandant une armée navale, les inspecteurs généraux et les inspecteurs des colonies chefs d'une mission, accompagnés des membres de cette mission;

5° Le conseil de gouvernement;

6° Le conseil privé, le conseil d'administration ou le conseil de protectorat;

7° Le conseil général ou colonial;

8° Le général de division commandant supérieur des troupes, le vice-amiral commandant une escadre;

9° Les grands-croix et les grands-officiers de la Légion d'honneur convoqués;

10° Les généraux de division exerçant un commandement dans la place;

11° Le général de brigade commandant supérieur des troupes, le contre-amiral commandant de la marine;

12° Le chef des services judiciaires, la cour d'appel, le tribunal supérieur et le conseil d'appel;

13° Le contrôleur financier;

14° Les directeurs généraux d'un gouvernement général;

15° Le président de la cour d'assises ou de la cour criminelle;

16° Les généraux de brigade exerçant un commandement dans la place; le général de brigade commandant de la défense dans les places points d'appui de la flotte; le contre-amiral commandant d'une force navale:

17° Le commandant supérieur des troupes, lorsqu'il n'est pas officier général; le commandant de la marine, commandant supérieur d'une force navale et d'un arsenal maritime, lorsqu'il n'est pas officier général;

18° L'administrateur de la région, de la province ou du cercle;

19° Le commandant de la défense dans les places, points d'appui de la flotte, lorsqu'il n'est pas officier général; les officiers supérieurs commandant une brigade ou exerçant le commandement territorial de la région; le commandant de la marine, lorsqu'il n'est pas officier général et qu'il ne remplit pas les conditions prévues au paragraphe 17; le commandant d'une force navale ou d'un bâtiment isolé, lorsqu'il est officier supérieur;

20° Le corps municipal;

21° Les fonctionnaires chefs des services généraux d'un gouvernement général autres que les directeurs généraux, d'après l'ordre fixé par arrêté réglementaire du gouverneur général;

22° Le tribunal de 1re instance, les juges de paix à compétence étendue, les juges de paix, le tribunal de commerce;

23° Les chambres de commerce et d'agriculture;

24° Les états-majors des commandements de troupes coloniales et de la marine suivant le rang attribué à ces commandements;

25° Les chefs de services et la délégation des bureaux et services, d'après l'ordre établi entre eux, par arrêté du gouverneur général ou du gouverneur;

26° Les délégations des corps d'officiers:

27° Les conseils locaux dans l'Inde:

28° La délégation du personnel de la garde civile;

29° Les délégations des établissements publics:

30° Les commissaires de police;

31° La délégation des services judiciaires (avoués, avocats défenseurs, notaires, huissiers, etc...).

Les officiers généraux sont accompagnés d'officiers de leur état-major.

SECTION II.

DE L'ORDRE DE PRÉSÉANCE DES AUTORITÉS CIVILES ET MILITAIRES CONVOQUÉES INDIVIDUELLEMENT AUX CÉRÉMONIES PUBLIQUES.

Art. 2. Le rang de préséance des autorités civiles et militaires convoquées individuellement aux cérémonies publiques est réglé ainsi qu'il suit :

1° Le gouverneur général, gouverneur ou administrateur de la colonie;

2° Le secrétaire général d'un gouvernement général ou d'une colonie;

3° Le lieutenant-gouverneur, résident supérieur ou autre chef d'une colonie ou d'un territoire dépendant directement d'un gouvernement général;

4° Le sénateur et les députés;

5° Les généraux de division chargés d'une inspection; les vice-amiraux chargés d'une inspection ou commandant une armée navale; l'inspecteur général ou l'inspecteur des colonies, chef de mission;

6° Le président du conseil général ou du conseil colonial;

7° Le général de division commandant supérieur des troupes, le vice-amiral commandant une escadre;

8° Les grands-croix et les grands-officiers de la Légion d'honneur convoqués;

9° Les généraux de division exerçant un commandement dans la place;

10° Le général de brigade commandant supérieur des troupes, le contre-amiral commandant de la marine;

11° Le chef du service judiciaire, le président de la cour d'appel, le président du tribunal supérieur ou du conseil d'appel;

12° Le contrôleur financier;

13° Les directeurs généraux d'un gouvernement général;

14° Le président de la cour d'assises ou de la cour criminelle;

15° Les généraux de brigade exerçant un commandement dans la place; le général de brigade commandant de la défense dans les places points d'appui de la flotte; le contre-amiral commandant une force navale;

16° Le commandant supérieur des troupes lorsqu'il n'est pas officier général; le commandant de la marine, commandant supérieur d'une force navale et d'un arsenal maritime, lorsqu'il n'est pas officier général;

17° L'administrateur de la région, de la province ou du cercle;

18° Le commandant de la défense dans les places points d'appui de la flotte, lorsqu'il n'est pas officier général;

Les officiers supérieurs commandant une brigade ou exerçant le commandement territorial de la région;

Le commandant de la marine, lorsqu'il n'est pas officier général et qu'il ne remplit pas les conditions prévues au paragraphe 16; le commandant d'une force navale ou d'un bâtiment isolé lorsqu'il est officier supérieur;

19° Le maire ou autre représentant de l'autorité municipale;

20° Le président du tribunal de 1re instance et le procureur de la République;

21° Les juges de paix à compétence étendue, les juges de paix;

22° Le président du tribunal de commerce;

23° Les présidents des chambres de commerce et d'agriculture;

24° Le commandant d'armes.

Art. 3. Dans les cas prévus à l'article 1er, sous les numéros 4, 8, 11 et 19, et à l'article II, sous les numéros 5, 7, 10, 15 et 18, dans les établissements et sur les terrains affectés au service de la marine, les officiers de la marine ont, à égalité de grade, respectivement la préséance sur les officiers de l'armée de terre.

Art. 4. Dans aucun cas, les honneurs accordés à un corps ne sont attribués individuellement aux membres qui le composent.

SECTION III.

DES CONVOCATIONS AUX CÉRÉMONIES PUBLIQUES.

Art. 5. Les autorités et les corps constitués dont le concours est nécessaire sont convoqués par écrit suivant les règles fixées par arrêté du chef de la colonie.

SECTION IV.

DE L'ORDRE DANS LEQUEL LES AUTORITÉS MARCHENT ET SONT PLACÉES
DANS LES CÉRÉMONIES PUBLIQUES.

Art. 6. Les autorités désignées à l'article 2, qui sont convoquées aux cérémonies publiques se réunissent dans le lieu de la cérémonie et y prennent place dans l'ordre indiqué par ledit article, de sorte que la personne à laquelle la préséance est due ait toujours à sa droite celle qui doit occuper le deuxième rang, à sa gauche celle qui doit occuper le troisième et ainsi de suite.

Si les dispositions du lieu de la cérémonie le permettent, la personne à laquelle la préséance est due est placée au milieu, les autres prenant place dans l'ordre fixé ci-dessus.

Dans le cas contraire, les autorités sont divisées en deux groupes, les autorités civiles étant placées à droite et les autorités militaires à gauche.

Elles gardent entre elles les rangs qui leur ont été respectivement attribués.

La cérémonie ne commence que lorsque l'autorité qui occupe la première place a pris séance.

Cette autorité se retire la première.

Art. 7. Il est fourni aux autorités et aux corps convoqués à des cérémonies une escorte de troupes ou de gendarmerie, ainsi qu'il est réglé au titre IV.

Art. 8. Dans les cérémonies publiques non prescrites par acte du gouvernement, mais organisées par des autorités ou des corps constitués, la préséance entre les autorités qui y sont invitées est déterminée conformément à l'article 2.

Lorsqu'un corps ou l'une des autorités dénommées aux articles 1 et 2 invite, dans le local affecté à l'exercice de ses fonctions, d'autres corps ou d'autres autorités pour assister à une cérémonie, le corps ou l'autorité qui a fait l'invitation y conserve sa place ordinaire; les corps et les autorités invitées gardent entre eux les rangs assignés par ces articles.

Peuvent, s'il y a lieu, dans les cas prévus par les deux alinéas précédents, être intercalées parmi les autorités des personnes qui ne sont pas désignées à l'article 2, mais qui sont qualifiées par les fonctions qu'elles exercent ou ont exercées.

TITRE II.

DISPOSITIONS COMMUNES AUX HONNEURS CIVILS ET MILITAIRES.

Art. 9. Lorsque le Président de la République se rend dans une colonie, les honneurs à lui rendre sont déterminés par un décret en Conseil des Ministres.

Art. 10. En cas de mission extraordinaire, les délégués du gouvernement, conseillers d'Etat ou hauts fonctionnaires, ont droit aux honneurs tels qu'ils sont déterminés, par assimilation s'il y a lieu, par le décret pris en Conseil des Ministres instituant la mission.

Les fonctionnaires envoyés pour remplir, par intérim, en l'absence du chef de la colonie, les fonctions de gouverneur général ou de gouverneur reçoivent, sauf dispositions spéciales, les honneurs attribués aux titulaires de ces fonctions.

Art. 11. Les honneurs ne se délèguent pas; ils ne sont dus que dans la limite du territoire où sont exercées les fonctions.

Lors d'une cérémonie publique, l'intérimaire occupe la place réservée au titulaire de la fonction.

Art. 12. Aucun fonctionnaire civil ou militaire, aucune autorité publique ne peut exiger ni rendre d'autres honneurs que ceux qui sont déterminés par le présent décret.

Art. 13. Les visites reçues en exécution des dispositions de la section III du titre III et des sections IV à VIII du titre IV du présent décret sont rendues dans les vingt-quatre heures aux autorités qui les ont faites, et celles des corps ou des fonctionnaires des divers services publics le sont dans la personne des chefs de ces corps ou de ces services et dans le même délai.

TITRE III.

HONNEURS CIVILS.

SECTION Iʳᵉ.

LES MINISTRES ET LES SOUS-SECRÉTAIRES D'ÉTAT.

Art. 14. Lors de son arrivée dans une colonie, un Ministre ou un sous-secrétaire d'Etat est reçu par le gouverneur général ou le gouverneur accompagné du secrétaire général du gouvernement général ou de la colonie.

Le lieutenant-gouverneur, le résident supérieur ou autre chef d'une colonie ou d'un territoire dépendant d'un gouvernement général le reçoit à la limite de la colonie, du pays de protectorat ou du territoire.

Le corps municipal le reçoit au lieu d'arrivée.

Les corps et les autorités mentionnées à l'article 1er du présent décret sont avertis de l'heure à laquelle le Ministre ou le sous-secrétaire d'Etat les recevra. Ils sont admis dans l'ordre des préséances établi par le même article.

Art. 15. Le corps municipal va, au moment de son départ, prendre congé du Ministre ou du sous-secrétaire d'Etat.

SECTION II.

LES GOUVERNEURS GÉNÉRAUX ET LES GOUVERNEURS DE COLONIE.

Art. 16. Lorsque le gouverneur général ou le gouverneur d'une colonie prend possession de ses fonctions, il est reçu au lieu d'arrivée par le secrétaire général du gouvernement général ou de la colonie. Il est également reçu par le commandant supérieur des troupes, et, s'il y a lieu, par le lieutenant gouverneur; le résident supérieur ou administrateur du territoire.

Le corps municipal le reçoit au lieu d'arrivée.

Les corps et les autorités mentionnées à l'article 1er du présent décret sont avertis de l'heure à laquelle le gouverneur général ou le gouverneur les recevra. Ils sont admis dans l'ordre des préséances établi par le même article.

Dans ses déplacements, le gouverneur général ou le gouverneur est reçu, à la limite des colonies ou pays de protectorat dépendant d'un gouvernement général, par le lieutenant gouverneur ou le résident supérieur; à la limite d'une région, province, cercle ou territoire, par l'administrateur de la région, province, cercle ou territoire.

Le commandant de la subdivision territoriale militaire le reçoit à la limite de la subdivision.

Le corps municipal le reçoit au lieu d'arrivée.

Les autorités qui l'ont reçu à l'arrivée se trouvent à son départ pour le saluer.

Dans les villes où le gouverneur général entre pour la première fois où il séjourne, il reçoit la visite des autorités et des corps mentionnés à l'article 1er, comme il est spécifié au paragraphe 4 du présent article.

SECTION III.

LES AUTORITÉS CIVILES ET MILITAIRES.

Art. 17. Le secrétaire général d'un gouvernement général, le lieutenant-gouverneur, le résident supérieur ou autre chef d'une colonie ou territoire dépendant d'un gouvernement général, le secrétaire général d'une colonie non rattachée à un gouvernement général, le chef du service judiciaire, l'officier commandant supérieur des troupes, le président de la cour d'appel, du tribunal supérieur ou du Conseil d'appel, les officiers supérieurs exerçant un commandement territorial, ou commandant la défense dans les places points d'appui de la flotte, le commandant d'armes dans une garnison où il n'existe pas de commandement territorial, le commandant de la marine, le président de la cour d'assises ou de la cour criminelle, l'administrateur de la région, province ou cercle, lorsqu'ils prennent possession de leurs fonctions, font visite aux autorités dénommées avant eux dans l'ordre de préséance établi à l'article 2 du présent décret, et qui résident dans la ville. Ils reçoivent ensuite les honneurs civils d'après les dispositions suivantes :

1° Le secrétaire général d'un gouvernement général, le lieutenant gouverneur, le résident supérieur ou autre chef d'une colonie ou territoire dépendant d'un gouvernement général, le secrétaire général d'une colonie non rattachée à un gouvernement général, l'officier commandant supérieur des troupes dans les circonstances prévues au présent décret reçoivent la visite de toutes les autorités civiles dénommées après eux dans l'ordre des préséances et des fonctionnaires de toutes les administrations publiques; ces fonctionnaires sont présentés par leurs chefs de services;

2° Le chef du service judiciaire, l'officier exerçant un commandement territorial ou commandant la défense dans les places points d'appui de la flotte, l'officier supérieur commandant d'armes dans une garnison où il n'existe pas de commandement territorial, le commandant de la marine, dans les circonstances prévues au présent décret, reçoivent la visite des autorités dénommées après eux dans l'ordre des préséances, et celle des chefs des différents services;

3° Le président de la cour d'appel, le président du tribunal supérieur ou du conseil d'appel, le président de la cour d'assises ou de la cour criminelle, reçoivent la visite des autorités dénommées après eux dans l'ordre des préséances;

4° L'administrateur de la région, de la province ou du cercle, lorsqu'il arrive pour la première fois dans le chef-lieu ou dans une commune de son territoire, reçoit la visite des autorités dénommées après lui dans l'ordre des préséances établi par l'article 2 du présent décret et celle de tous les fonctionnaires des administrations publiques; ces fonctionnaires sont présentés par leurs chefs de services.

Art. 18. Les secrétaires généraux des colonies ou pays de protectorat rattachés à un gouvernement général, lorsqu'ils prennent possession de leurs fonctions, font visite aux autorités dénommées avant eux dans l'ordre des préséances et reçoivent la visite des autorités dénommées après eux.

Art. 19. Les autorités désignées à l'article 17 informent l'autorité administrative supérieure de la résidence, qui en prévient immédiatement les intéressés, du jour et de l'heure auxquels ils doivent recevoir les honneurs civils prévus dans les articles précédents.

TITRE IV.

HONNEURS MILITAIRES.

SECTION I".

LES MINISTRES ET LES SOUS-SECRÉTAIRES D'ÉTAT.

Art. 20. Lorsqu'un ministre ou un sous-secrétaire d'Etat entre dans une ville possédant une garnison, toutes les troupes de la garnison prennent les armes et se forment sur son passage; les tambours et les clairons battent et sonnent aux champs, les trompettes sonnent la marche, les musiques jouent l'hymne national, les officiers saluent de l'épée ou du sabre.

Il est tiré quinze coups de canon.

Les troupes, les postes, gardes ou piquets et sentinelles devant lesquels passe le ministre ou le sous-secrétaire d'Etat, rendent les honneurs; les officiers saluent de l'épée ou du sabre; les tambours et clairons battent et sonnent aux champs; les trompettes sonnent la marche.

Il est fourni au ministre ou au sous-secrétaire d'Etat, sur sa demande, une escorte d'honneur composée d'un escadron commandé par un chef d'escadrons. Les brigades de gendarmerie, commandées par un capitaine, prennent part au service d'ordre et d'honneur.

Une garde d'honneur de quarante hommes, commandés par un capitaine, lui est constituée; elle fournit deux sentinelles.

Des visites de corps sont faites au ministre ou au sous-secrétaire d'Etat qui reçoit à son départ les mêmes honneurs qu'à son arrivée.

SECTION II.

LES GOUVERNEURS GÉNÉRAUX.

Art. 21. Lorsque le gouverneur général d'une colonie entre pour la première fois dans le chef-lieu ou dans une ville de garnison de son gouvernement, il reçoit les honneurs prévus à l'article 20. Lorsqu'il passe en costume officiel devant les troupes, gardes, piquets ou sentinelles, les honneurs prévus au paragraphe 5 du même article lui sont rendus.

Lorsque le gouverneur général se rend à une cérémonie publique, une escorte, composée d'un escadron et commandée par un capitaine, l'accompagne au lieu de la cérémonie et le reconduit.

A l'occasion des fêtes nationales, le défilé des troupes a lieu devant le gouverneur général.

Le gouverneur général, en costume officiel, a droit au salut des militaires et marins de tous grades.

SECTION III.

LES GOUVERNEURS OU ADMINISTRATEURS CHEFS DE COLONIE.

Art. 22. Lorsqu'un gouverneur ou un administrateur chef de colonie se rend, pour la première fois, au chef-lieu de la colonie, toutes les troupes de la garnison rendent les honneurs prescrits par l'article 20, paragraphe Ier.

Il est tiré onze coups de canon.

Une garde d'honneur de 30 hommes, commandée par un lieutenant, est fournie au gouverneur ou à l'administrateur chef de colonie, auquel il est fait des visites de corps.

Lorsque le gouverneur ou l'administrateur chef de colonie, se rend à une cérémonie publique, une escorte, commandée par un lieutenant, l'accompagne au lieu de la cérémonie et le reconduit.

A l'occasion des fêtes nationales, le défilé des troupes a lieu devant lui.

Le gouverneur ou administrateur chef de colonie, en costume officiel, a droit au salut des militaires et marins de tous grades.

SECTION IV.

LES SECRÉTAIRES GÉNÉRAUX D'UN GOUVERNEMENT GÉNÉRAL, LES LIEUTENANTS GOUVERNEURS, RÉSIDENTS SUPÉRIEURS OU AUTRES CHEFS D'UNE COLONIE OU D'UN TERRITOIRE DÉPENDANT D'UN GOUVERNEMENT GÉNÉRAL, LES SECRÉTAIRES GÉNÉRAUX DES COLONIES.

Art. 23. Le secrétaire général d'un gouvernement général, le lieutenant gouverneur, le résident supérieur ou autre chef d'une colonie ou d'un territoire dépendant d'un gouvernement général, le secrétaire général d'une colonie non rattachée à un gouvernement général, lors de la prise de possession de leurs fonctions, reçoivent la visite de toutes les autorités militaires en résidence au siège du gouvernement général ou au chef-lieu de la colonie ou du territoire. Il leur est fait des visites de corps.

Lorsqu'un des fonctionnaires visés au paragraphe 1er arrive dans la colonie ou se rend à une cérémonie publique à laquelle le gouverneur général n'assiste pas, une escorte d'honneur, composée de 30 hommes et commandée par un officier l'accompagne au lieu de la cérémonie et le reconduit.

Les postes, gardes ou piquets devant lesquels il passe en costume officiel, avec ou sans escorte, prennent les armes et rendent les honneurs, les tambours battent et les clairons sonnent le rappel, les trompettes sonnent des appels.

Art. 24. Le secrétaire général d'une colonie ou d'un pays de protectorat dépendant d'un gouvernement général, le secrétaire général d'une colonie non rattachée à un gouvernement général, lors de la prise de possession de leurs fonctions, reçoivent la visite des autorités militaires dénommées après eux à l'article 2, en résidence dans la ville où s'effectue la prise de possession des fonctions.

Il leur est fait des visites de corps.

Lorsqu'ils arrivent dans la colonie ou se rendent à une cérémonie publique, à laquelle le chef de la colonie ou du territoire rattaché n'assiste pas, ils ont droit à une escorte d'honneur de 15 hommes, commandée par un sous-officier.

Les postes, gardes ou piquets devant lesquels ils passent en costume officiel, avec ou sans escorte, prennent les armes et rendent les honneurs; les tambours battent et les clairons sonnent le rappel; les trompettes sonnent des appels.

Art. 25. Le lieutenant gouverneur, le résident supérieur ou autre chef d'une colonie ou d'un territoire dépendant d'un gouvernement général, en costume officiel, ont droit aux saluts des militaires et marins de tous grades.

SECTION V.

LES OFFICIERS COMMANDANTS SUPÉRIEURS DES TROUPES.

Art. 26. Lorsque l'officier commandant supérieur des troupes entre pour la première fois au chef-lieu de son commandement ou dans une place qui dépend de ce commandement, un détachement de troupes, comprenant la moitié de l'effectif de la garnison, avec drapeau ou étendard et musique, commandé par l'officier le plus élevé en grade, rend les honneurs devant l'hôtel du commandement, dans les conditions prévues par l'article 21, paragraphe 1er.

Il lui est fait des visites de corps.

Art. 27. Si le commandant supérieur des troupes est un général de division ou de brigade, la garde d'honneur est respectivement de 30 ou de 20 hommes commandés par un lieutenant; elle fournit deux sentinelles.

Si le commandant supérieur des troupes n'est pas officier général, la garde d'honneur est de 10 hommes commandés par un sous-officier; elle fournit une sentinelle.

SECTION VI.

LES OFFICIERS EXERÇANT UN COMMANDEMENT TERRITORIAL, LES COMMANDANTS DE LA DÉFENSE DANS LES PLACES POINTS D'APPUI DE LA FLOTTE, LES OFFICIERS COMMANDANTS DE LA MARINE.

Art. 28. Lorsqu'un officier exerçant un commandement territorial, le commandant de la défense dans les places points d'appui de la flotte, l'officier commandant de la marine se rend pour la première fois au chef-lieu de son commandement ou dans une place qui en dépend, si cette place n'est pas la résidence du commandant supérieur des troupes, un détachement comprenant le quart de l'effectif de la garnison, avec musique, commandé par l'officier le plus élevé en grade, rend les honneurs devant l'hôtel du commandement; la musique joue l'hymne national; le commandant de la troupe salue.

Il est fait des visites de corps.

Art. 29. Lorsqu'un des officiers désignés au paragraphe 1er de l'article ci-dessus est officier général, il a une garde de 10 hommes, commandée par un sous-officier; cette garde fournit une sentinelle.

SECTION VII.

CORPS JUDICIAIRE.

Art. 30. Lorsque la cour d'appel, le tribunal supérieur ou le conseil d'appel se rend en corps à une cérémonie publique, il lui est fourni, sur la demande du chef du service judiciaire, une escorte d'honneur composée d'un peloton de troupes à cheval ou d'une section d'infanterie, sous le commandement d'un officier.

SECTION VIII.

DISPOSITIONS RELATIVES AUX HONNEURS MILITAIRES.

Art. 31. Les ordres relatifs aux honneurs à rendre dans le cas prévu à l'article 20 sont donnés directement par le Ministre des colonies.

Art. 32. Les honneurs militaires ne se rendent que pendant le jour.

Art. 33. Les gardes d'honneur ne rendent les honneurs militaires qu'aux personnes supérieures ou égales en grade ou en dignité à celles près desquelles elles sont placées et, alors, les honneurs restent les mêmes.

Art. 34. Les honneurs militaires ne se cumulent pas.

Les seuls honneurs rendus sont ceux qui sont attribués à la dignité ou au grade supérieur.

Art. 35. Les officiers qui commandent par intérim ou pendant l'absence des commandants titulaires n'ont droit qu'aux honneurs militaires de leur grade.

Art. 36. Pour les visites de corps, la grande tenue est de rigueur.

Toutefois, le lendemain de l'arrivée et la veille du départ d'un corps de troupe, les visites se font en tenue de route.

TITRE V.

HONNEURS FUNÈBRES.

SECTION Ire.

HONNEURS FUNÈBRES CIVILS.

Art. 37. Les autorités et les corps constitués dans une colonie ayant leur siège dans la ville de la colonie où ont lieu les obsèques du gouverneur général sont convoqués ou représentés. Ils occupent, dans le convoi, le rang prescrit par l'article 1er du présent décret.

Lorsqu'une des personnes désignées dans l'article 2 du présent décret meurt, les autorités dénommées après elle dans l'ordre des préséances occupent dans le convoi le rang prescrit par ledit article.

Les délégations des corps constitués assistent au convoi dans les conditions qui sont déterminées pour chaque cas par le gouverneur général, le chef de la colonie ou du territoire ou leur délégué et suivant les ordres ou invitations qui leur sont adressés.

SECTION II.

HONNEURS FUNÈBRES MILITAIRES.

Art. 38. Il est rendu des honneurs funèbres par les troupes. aux gouverneurs généraux, aux secrétaires généraux d'un gouvernement général morts en fonctions; aux gouverneurs ou administrateurs, chefs de colonie, aux lieutenants gouverneurs, aux résidents supérieurs et autres chefs d'une colonie ou d'un territoire dépendant directement d'un gouvernement général, aux secrétaires généraux de gouvernements généraux ou de colonies, lorsqu'ils sont morts en fonctions dans leur territoire, aux membres de la Légion d'honneur, aux militaires et marins de tous grades.

Art. 39. Pour les gouverneurs généraux des colonies, les gouverneurs ou administrateurs, chefs de colonies, les pavillons des bâtiments de la flotte et ceux des monuments et établissements publics sont mis en berne.

Les honneurs militaires sont rendus par la totalité de la garnison.

Les autres dispositions qu'il y a lieu de prendre sont réglées par le gouvernement.

Art. 40. Les détachements devant assister au convoi des autres personnes désignées à l'article 38 ont les effectifs suivants :

1° Pour le secrétaire général d'un gouvernement général, le lieutenant gouverneur, le résident supérieur ou autre chef d'une colonie ou d'un territoire dépendant d'un gouvernement général, un général de division commandant supérieur des troupes ou un général de division commandant une division territoriale, les deux tiers de la garnison;

2° Pour un général de division ou un vice-amiral, la moitié de la garnison;

3° Pour un général de brigade ou un contre-amiral, le tiers de la garnison.

Les mêmes honneurs funèbres sont rendus aux officiers généraux et aux fonctionnaires des différents services de la guerre et de la marine titulaires de grades ou de rangs correspondants à ceux de généraux de division ou vice-amiraux et de généraux de brigade ou contre-amiraux, d'après la correspondance de leur grade avec ceux de général de division et de général de brigade. Les inspecteurs généraux de 1re classe des colonies reçoivent les honneurs funèbres dus aux généraux de division. Les inspecteurs généraux de 2° classe des colonies reçoivent les honneurs funèbres dus aux généraux de brigade.

Les honneurs funèbres attribués aux militaires et marins de grades non spécifiés dans le présent article sont déterminés par le règlement sur le service de place.

Art. 41. Les grands-croix de la Légion d'honneur sont traités comme les généraux de division, commandants supérieurs des troupes; les grands-officiers de la Légion d'honneur, comme les généraux de division du cadre d'activité; les commandeurs, comme les colonels; les officiers, comme les chefs de bataillon ou d'escadrons; les chevaliers, comme les lieutenants du cadre d'activité.

Art. 42. Dans les villes qui n'ont pour garnison qu'un régiment ou fraction de régiment, et dans les cas prévus par les paragraphes 2, 3, 4, 5, de l'article 40, toutes les troupes prennent les armes.

Art. 43. Les honneurs définis par l'article 40 appartiennent exclusivement aux officiers généraux de la 1re section du cadre de l'état-major général de l'armée.

DISPOSITIONS GÉNÉRALES.

Art. 44. Les honneurs à rendre à bord des bâtiments de la flotte font l'objet de décrets spéciaux pris d'accord par le Ministre de la marine et par celui des colonies.

Art. 45. Les gouverneurs généraux et gouverneurs et autres chefs de colonies peuvent inviter par lettres spéciales à une cérémonie publique les autorités indigènes. Ces lettres fixent les honneurs à leur rendre et le rang qu'elles occupent. Le Ministre des colonies est avisé, d'urgence, de ces invitations.

Art. 46. Sont abrogées toutes dispositions contraires à celles du présent décret.

Art. 47. Le Ministre des colonies est chargé de l'exécution du présent décret, qui sera publié au *Journal officiel* de la République française et inséré au *Bulletin des lois*, ainsi qu'au *Bulletin officiel* des colonies.

Fait à Paris, le 10 décembre 1912.

A. FALLIERES.

Par le Président de la République :
  Le Ministre des colonies,
            A. LEBRUN.

B. — Dispositions diverses.

Décret qui règle les marques extérieures de respect dues aux militaires décorés de la Légion d'honneur.

Paris, le 17 février 1876.

Le Président de la République française,

Sur le rapport du Ministre de la guerre ;

Vu l'article 36 du décret organique du 16 mars 1852 relatif aux marques de respect dues aux légionnaires par les sentinelles ;

Vu le décret du 13 octobre 1863 (1) sur le service des places, articles relatifs aux honneurs à rendre par les sentinelles ;

Vu l'avis du conseil de l'ordre national de la Légion d'honneur, en date du 8 novembre 1875 ;

Vu les avis conformes du vice-président du Conseil, Ministre de l'intérieur, du Ministre de la marine et des colonies et du Ministre des finances ;

Considérant qu'il a toujours été reçu dans l'armée que tout militaire décoré de la Légion d'honneur a droit au salut des militaires du même grade non légionnaires ;

Considérant que les militaires non légionnaires n'ont jamais été tenus, soit par l'usage, soit autrement, à saluer les légionnaires civils portant sur des habits civils les décorations réglementaires,

Décrète :

Art. 1er. 1° Les militaires décorés de la Légion d'honneur continueront à recevoir des marques extérieures de respect (salut) de la part des militaires du même grade, non décorés ;

2° Les militaires non légionnaires ne seront pas astreints à des marques extérieures de respect (salut) à l'égard des légionnaires qui portent les décorations réglementaires sur un habillement civil ou sur un costume étranger à l'armée.

Il n'est rien changé d'ailleurs aux dispositions du décret du 13 octobre 1863 (1) en ce qui concerne les honneurs à rendre par les sentinelles aux grands-croix, grands-officiers, commandeurs, officiers et chevaliers de la Légion d'honneur.

---

(1) Actuellement décret du 7 octobre 1909 sur le service de place.

Art. 2. Les Ministres de la guerre et de la marine sont chargés, chacun en ce qui le concerne, de l'exécution du présent décret.

Fait à Paris, le 17 février 1876.

Maréchal DE MAC-MAHON.

Par le Président de la République :

Le Ministre de la guerre,
Général E. DE CISSEY.

Le Ministre de la marine
et des colonies,
MONTAIGNAC.

Circulaire relative à l'interprétation des articles 329 et 330 du décret du 23 octobre 1883 (1) (honneurs militaires funèbres à rendre aux militaires et marins décédés en activité).

(Cabinet du Ministre ; Bureau de la Correspondance générale.)

Paris, le 7 décembre 1883.

Le Ministre de la guerre à MM. les Gouverneurs militaires de Paris et de Lyon; les Généraux commandant les corps d'armée.

J'ai été consulté sur l'interprétation à donner aux articles 329 et 330 du décret du 23 octobre 1883 (1) relatifs aux honneurs funèbres à rendre aux militaires et marins morts en activité de service. Ces articles stipulent que les troupes commandées pour rendre les honneurs sont conduites à la maison mortuaire et accompagnent le corps jusqu'au cimetière; mais ils sont muets sur ce que ces troupes doivent faire durant le temps pendant lequel le corps stationne dans l'édifice où s'accomplissent, le cas échéant, les cérémonies du culte auquel appartenait le défunt.

J'ai l'honneur de vous faire connaître, après examen de cette question, qu'il ressort des explications qui m'ont été fournies à la suite de la publication du décret du 23 octobre 1883, que le Conseil d'Etat, en supprimant l'article 326 de l'ancien décret du 13 octobre 1863 concernant les honneurs à rendre par les troupes pendant les services religieux, a admis que les troupes désignées pour rendre les honneurs funèbres aux militaires et marins décédés en activité de service resteraient en dehors des édifices du culte pendant la durée du service religieux.

Le service terminé, ces troupes accompagnent le corps *jusqu'au* cimetière, *à la porte* duquel elles rendent, avant d'être

---

(1) Actuellement art. 141 du décret du 7 octobre 1909.

reconduites à leurs quartiers, les mêmes honneurs qu'à la maison mortuaire, honneurs spécifiés à l'article 329 précité du décret du 23 octobre 1883 (1).

Circulaire relative aux honneurs militaires funèbres à rendre aux étrangers membres de la Légion d'honneur et aux militaires étrangers.

(Cabinet du Ministre ; Bureau de la Correspondance générale.)

Paris, le 15 janvier 1884.

Le Ministre de la guerre à MM. les Gouverneurs militaires de Paris et de Lyon; les Généraux commandant les corps d'armée.

J'ai été consulté sur la question de savoir si les honneurs militaires funèbres, spécifiés par les articles 315 et suivants du décret du 23 octobre 1883 (2) devaient être rendus aux étrangers membres de la Légion d'honneur qui viennent à décéder en France. J'ai l'honneur de vous faire connaître que cette question doit être résolue affirmativement, conformément, d'ailleurs, à l'usage suivi jusqu'ici.

Il demeure entendu que les dispositions de l'article 328 (3) seront seules applicables dans l'espèce, et que les honneurs militaires funèbres ne seront rendus qu'au domicile du défunt.

Au cas où le légionnaire serait membre d'une armée étrangère et se trouverait en France en vertu d'une mission officielle de son gouvernement ou d'un service dont il aurait été donné connaissance à notre gouvernement (officier attaché militaire d'ambassade, ou venu en France pour assister à des manœuvres, etc., officier de marine décédé dans un port français à bord d'un bâtiment étranger, etc.), il y aurait lieu de prendre les ordres du Ministre de la guerre au sujet des honneurs militaires à rendre dans ce cas. Il en serait de même dans le cas où l'officier étranger ne serait pas légionnaire.

Je vous prie de donner, à qui de droit, des ordres en conséquence.

---

(1) Actuellement art. 141 du décret du 7 octobre 1909.
(2) Art. 135 et suivants du décret du 7 octobre 1909.
(3) Art. 142 du décret du 7 octobre 1909.

Rapport au Président de la République française, relatif aux honneurs à rendre au personnel des résidences dans les pays placés sous le protectorat de la France (1).

Paris, le 24 juin 1886.

Monsieur le Président,

A la suite des décrets par lesquels le gouvernement de la République a organisé le personnel des résidences dans les pays placés sous son protectorat, nous avons dû nous préoccuper, M. le Ministre de la guerre, M. le Ministre de la marine et des colonies et moi, de définir les honneurs à rendre à ces fonctionnaires qui se trouveront en relations officielles avec les troupes françaises de terre et de mer, et nous avons arrêté, d'un commun accord, un règlement que j'ai l'honneur de soumettre à votre haute approbation.

Veuillez agréer, Monsieur le Président, l'assurance de mon profond respect.

Le Président du Conseil,
Ministre des affaires étrangères,
Signé : C. DE FREYCINET.

DÉCRET.

Le Président de la République française,

Vu le décret du 23 octobre 1883 (2), portant règlement sur le service dans les places de guerre et les villes de garnison ;

Le décret du 20 mai 1885, sur le service à bord des bâtiments de la flotte ;

La décision du Ministre de la guerre du 25 octobre 1883, suivie d'un avis du Conseil d'Etat, en date du 28 février 1885, sur les honneurs à rendre au gouverneur général civil de l'Algérie ;

---

(1) Les honneurs sont actuellement rendus dans la forme déterminée par le décret du 7 octobre 1909 sur le service de place.
(2) Actuellement décret du 7 octobre 1909.

Vu les décrets du 23 juin 1885, des 27 janvier et 3 février 1886, du 7 et du 8 mars 1886, fixant les attributions des représentants du gouvernement de la République française en Tunisie, en Annam, au Tonkin et à Madagascar, et organisant le personnel des résidences dans ces États ;

Sur la proposition du président du Conseil, Ministre des affaires étrangères, du Ministre de la guerre et du Ministre de la marine et des colonies,

Décrète :

Art. 1er. Les résidents généraux, dans toute l'étendue du territoire appartenant à l'État où ils exercent le protectorat de la France, auront droit aux rang, préséance et honneurs attribués, par la décret du 23 octobre 1883 (1), aux généraux de division commandant un corps d'armée, et aux vice-amiraux commandant en chef à la mer, en exceptant toutefois les honneurs qui font essentiellement partie des attributions du commandement, et suivant les dispositions spécifiées par les articles suivants :

I. — HONNEURS À RENDRE PAR L'ARMÉE DE TERRE.

Visites de corps.

Art. 2. Les corps d'officiers de troupes d'armée de terre, les officiers sans troupe, fonctionnaires et employés de la guerre, ayant rang d'officiers, présents dans la localité, doivent des visites de corps :

Aux résidents généraux ;

Aux résidents supérieurs ;

Et aux résidents, chefs de mission, ne relevant d'aucun résident général ou supérieur.

Toutefois, les visites de corps à ces derniers agents ne comprendront qu'un officier supérieur et un officier de chaque grade par corps et un fonctionnaire ou employé de chaque service.

---

(1) Actuellement décret du 7 octobre 1909.

Honneurs à rendre à l'arrivée dans la place.

Art. 3, § 1er. Lorsque les résidents généraux font leur première entrée au siège officiel de la résidence générale, ou visitent, pour la première fois, une ville du territoire protégé, le major de la garnison les reçoit à leur arrivée. Les troupes, formées sur leur passage, présentent les armes, les tambours et clairons battent et sonnent aux champs ; les trompettes sonnent la marche ; les musiques jouent l'air national ; les officiers généraux (qui ne sont pas commandants de corps d'armée), les commandants des corps de troupe, quel que soit leur grade, et les officiers supérieurs saluent de l'épée ou du sabre ; les drapeaux et les étendards saluent.

Leur garde d'honneur est de cinquante hommes commandés par un capitaine ; elle fournit deux sentinelles. Ils ont droit, en tout temps, à deux sentinelles.

§ 2. Lorsque les résidents supérieurs et les résidents, chefs de mission, font leur première entrée au siège officiel de la résidence, les troupes formées sur leur passage portent les armes. Les officiers supérieurs ou autres et les drapeaux et étendards ne saluent pas. Les tambours, clairons et trompettes sont prêts à battre ou à sonner. En tout temps, un poste de dix hommes, commandés par un sergent, est établi à l'hôtel de la résidence. Il fournit une sentinelle.

Honneurs à rendre par les postes.

Art. 4. Quand les résidents généraux, résidents supérieurs et résidents chefs de mission, passent, en costume officiel, devant un poste :

§ 1er. La garde prend les armes ou monte à cheval, se forme devant le poste, porte les armes ; les tambours ou clairons battent ou sonnent aux champs ; les trompettes sonnent la marche pour les résidents généraux.

§ 2. La garde prend les armes ou monte à cheval, se forme devant le poste, porte les armes ; les tambours, clairons ou trompettes sont prêts à battre ou à sonner, pour les résidents supérieurs.

§ 3. La garde prend les armes ou monte à cheval, se forme

devant le poste, l'arme au pied ou le sabre au fourreau, pour les résidents chefs de mission.

Honneurs à rendre par les sentinelles.

Art. 5, § 1er. Les sentinelles présentent les armes :

Aux résidents généraux en costume officiel ou revêtus des insignes de la fonction ;

Aux résidents supérieurs en costume officiel ou revêtus des insignes de la fonction ;

Aux résidents chefs de mission en costume officiel ou revêtus des insignes de la fonction.

§ 2. Les sentinelles portent les armes :

Aux résidents ;

Et aux vice-résidents en costume officiel ou revêtus des insignes de la fonction.

Escortes d'honneur.

Art. 6. Dans les cérémonies publiques, les résidents généraux, les résidents supérieurs et les résidents chefs de mission peuvent avoir, au siège de leur résidence, et s'ils en font la demande, une escorte d'honneur qui se compose :

Pour les résidents supérieurs : de deux brigades de gendarmerie commandées par un lieutenant et de deux pelotons de troupes à cheval commandés par un lieutenant.

Pour les résidents supérieurs : de deux brigades de gendarmerie commandées par un lieutenant. En outre, pendant leur tournée, dans leur circonscription, mais seulement lorsqu'ils font cette tournée en costume officiel, les résidents supérieurs peuvent être escortés de deux gendarmes.

Pour les résidents chefs de mission et les résidents : d'une brigade de gendarmerie, commandée par un sergent. En outre, pendant leur tournée en costume officiel, ils peuvent être escortés d'un gendarme.

Salves d'artillerie.

Art. 7. Pour les résidents généraux, les résidents supérieurs et les résidents chefs de mission, lors de leur prise de possession ou de leur première entrée au siège officiel de leur résidence, il est tiré :

Pour les résidents généraux : treize coups de canon ;

Pour les résidents supérieurs : sept coups de canon ;
Pour les résidents chefs de mission : cinq coups de canon.

Visites individuelles.

Art. 8, § 1er. Les hauts fonctionnaires des résidences et les officiers généraux ou supérieurs et employés de la guerre assimilés se doivent réciproquement des visites individuelles.

Elles ont lieu lorsqu'ils prennent possession de leur poste ou de leur commandement ou lorsqu'ils arrivent sur les lieux en mission. L'arrivant doit prendre le soin de prévenir à l'avance de son intention le fonctionnaire ou l'officier qu'il doit visiter.

Les visites sont rendues, quand il y a lieu de les rendre, dans les vingt-quatre heures.

§ 2. Les officiers généraux qui ne sont pas commandants de corps d'armée, les officiers supérieurs et les fonctionnaires assimilés de l'armée de terre doivent la première visite au résident général. Celui-ci la rend seulement aux officiers généraux.

§ 3. Les résidents supérieurs, les résidents chefs de mission et les résidents doivent la première visite aux officiers généraux venant prendre possession de leur commandement; ils reçoivent celle des officiers supérieurs et fonctionnaires assimilés.

§ 4 Dans le cas où un général commandant de corps d'armée, ou un vice-amiral commandant en chef à la mer, serait envoyé en mission ou chargé du commandement au siège de la résidence générale, l'ordre des visites à échanger entre le résident général et cet officier général sera réglé par le Ministre de la guerre ou le Ministre de la marine, d'accord avec le Ministre des affaires étrangères.

Honneurs funèbres.

Art. 9. Les honneurs funèbres à rendre aux résidents généraux seront conformes à ceux qui sont fixés par l'article 314 du décret du 23 octobre 1883 (1), pour les généraux de division;

Pour les résidents supérieurs et résidents chefs de mission, ils seront conformes à ceux qui sont fixés par l'article 316 pour les généraux de brigade ;

---

(1) Actuellement décret du 7 octobre 1909.

Et pour les résidents, à ceux qui sont fixés par l'article 318 dudit décret pour les colonels.

Art. 10. Les visites de corps et autres sont toujours faites, les honneurs sont toujours rendus, en observant les principes généraux, relatifs aux honneurs, inscrits au chapitre 42 du décret du 23 octobre 1883 (1).

Toutefois, le résident supérieur ou l'agent diplomatique appelé à remplacer un résident général, absent par congé, prendra dans les cérémonies publiques le rang attribué au titulaire qu'il supplée, mais il ne pourra prétendre qu'aux honneurs qui sont fixés pour son grade par le présent décret.

Dans ce cas le commandant en chef des troupes d'occupation aura toujours la faculté de se faire représenter, dans les cérémonies publiques, par l'officier général ou supérieur qui le suivra immédiatement dans la hiérarchie militaire.

II. — Honneurs a rendre par les troupes de l'armée de mer.

Honneurs et salut.

Art. 11. Les résidents généraux reçoivent dans les ports de l'État où ils exercent le protectorat de la France, lors de leur première visite à bord d'un bâtiment, les honneurs attribués aux vice-amiraux commandant en chef qui visitent officiellement, pour la première fois, un bâtiment placé en dehors de la force navale qu'ils commandent.

Ils sont salués de quinze coups de canon.

Art. 12. Les résidents supérieurs, les résidents et les vice-résidents reçoivent à bord des bâtiments de l'État les honneurs suivants :

§ 1er. Le résident supérieur est reçu au haut de l'escalier par le commandant, les officiers et aspirants de quart ; la garde a l'arme au pied et le tambour où le clairon est prêt à battre ou à sonner ;

Il est salué de neuf coups de canon.

§ 2. Le résident, chef de mission ou non, est reçu sur le

---

(1) Actuellement décret du 7 octobre 1909.

gaillard d'arrière par le commandant du bâtiment ; la garde a l'arme au pied ;

Il est salué de sept coups de canon.

§ 3. Le vice-résident est reçu sur le gaillard d'arrière par l'officier en second du bâtiment ; la garde ne s'assemble pas.

Il est salué de cinq coups de canon.

Art. 13, § 1er. Ces honneurs sont rendus aux résidents généraux et résidents supérieurs, lorsqu'ils font leur première visite officielle, lorsqu'ils s'embarquent sur un bâtiment de l'Etat pour revenir en France, ou lorsqu'ils quittent celui qui les a conduits à destination.

Il ne leur est rendu aucun des honneurs ci-dessus mentionnés au port de leur embarquement en France et, en aucun cas, lorsqu'ils ne sont pas en uniforme ou revêtus des insignes de leur fonction.

§ 2. Les honneurs réservés aux résidents et vice-résidents ne leur sont rendus qu'à leur première visite officielle et lorsqu'ils sont en uniforme.

Visites.

Art 14, § 1er. Les vice-amiraux commandant en chef et les contre-amiraux commandant en chef doivent la première visite aux résidents généraux. Ils attendent la visite des résidents de tout rang.

§ 2. Les capitaines de vaisseau chefs de division doivent la première visite aux résidents généraux et aux résidents supérieurs, ainsi qu'aux résidents remplaçant officiellement un résident supérieur. Ils attendent la visite des résidents et des vice-résidents.

§ 3. Les capitaines de vaisseau commandants doivent la première visite aux résidents généraux, aux résidents supérieurs, aux résidents et aux agents remplaçant un résident, en cas d'absence, si ces agents sont vice-résidents ou chanceliers de résidence. Ils attendent la visite des vice-résidents.

§ 4. Les capitaines de frégate et lieutenants de vaisseau commandants ont les mêmes obligations que les capitaines de vaisseau et doivent, en outre, la première visite aux vice-résidents.

§ 5. Les officiers de l'armée de mer de tout grade, lorsqu'ils sont dans le cas de rendre les visites officielles spécifiées dans le présent article, sont reçus, au débarcadère, par un fonctionnaire de la résidence.

§ 6. Ces visites sont rendues dans les vingt-quatre heures, si le temps permet les communications.

Lorsque les résidents ont besoin d'une embarcation convenable pour faire ou rendre une visite officielle à bord d'un bâtiment, le commandant de ce bâtiment en met une à leur disposition, tant pour les amener à bord que pour les reconduire à terre.

Honneurs funèbres.

Art. 15. Lorsqu'un fonctionnaire du personnel des résidences vient à décéder à bord, les honneurs funèbres qui doivent lui être rendus sont réglés comme il suit :

Pour un résident général : les honneurs dus au vice-amiral commandant en sous-ordre ;

Pour un résident supérieur : les honneurs dus au contre-amiral commandant en sous-ordre ;

Pour un résident de 1re classe : les honneurs dus au capitaine de vaisseau non commandant ;

Pour un résident de 2e classe : les honneurs dus au capitaine de frégate non commandant.

Il n'y aura ni coup de canon, ni décharge de mousqueterie.

Pour les chanceliers et les commis, les honneurs de la flamme et du pavillon en berne et la réunion de l'équipage sur le pont. Il est entendu que les honneurs funèbres ne sont rendus que lorsqu'il n'en résulte pas d'inconvénients pour le service du bord.

Dispositions spéciales à la Tunisie.

Art. 16. En raison de l'organisation particulière du personnel de la résidence générale en Tunisie, les contrôleurs civils remplissant dans ce pays les fonctions de résident auront droit, en conséquence, aux honneurs réservés aux résidents qui ne sont pas chefs de mission, soit de la part de l'armée de terre, soit de la part de l'armée de mer ; et ils auront les mêmes obligations à remplir envers elles que les résidents.

Les contrôleurs suppléants assimilés aux vice-résidents recevront les honneurs fixés pour les agents de cette classe et auront les mêmes obligations à remplir.

Art. 17. Le président du Conseil, Ministre des affaires étrangères, le Ministre de la guerre et le Ministre de la marine et des colonies sont chargés, chacun en ce qui le concerne, de l'exécution du présent décret.

Fait à Paris, le 24 juin 1886.

Décret attribuant rang et prérogatives de commandant de corps d'armée au général commandant supérieur des troupes du groupe de l'Afrique occidentale française.

Paris, le 24 avril 1920.

Le général de division commandant supérieur des troupes du groupe de l'Afrique occidentale française reçoit rang et prérogatives de commandant de corps d'armée.

Circulaire relative aux honneurs militaires auxquels ont droit les colonels exerçant un commandement par intérim.

(Cabinet du Ministre; Bureau de la Correspondance générale.)

Paris, le 6 octobre 1911.

Aux termes de l'article 45 du décret du 16 juin 1907, relatif aux cérémonies publiques, préséances, honneurs civils et militaires, « les officiers généraux qui commandent par intérim ou pendant l'absence des commandants titulaires n'ont droit qu'aux honneurs militaires de leur grade ».

Le Ministre rappelle que ces prescriptions sont applicables également aux colonels exerçant un commandement par intérim.

L'intérim d'un commandement de brigade confère donc à ces colonels, dans la troupe, les honneurs dus aux colonels de chacun de leurs régiments et, dans l'étendue de leur subdivision, les honneurs dus aux commandants d'armes du grade de colonel.

Circulaire relative à la manière de rendre les honneurs (1).

(État-Major de l'Armée; Bureau des Opérations militaires
et de l'Instruction générale de l'Armée.)

Paris, le 6 novembre 1911.

Le règlement sur le service de place stipule, à l'article 118,
que « pour rendre les honneurs, les militaires armés du fusil
mettent l'arme sur l'épaule droite, baïonnette au canon; les militaires armés du sabre, de l'épée ou de la lance, se mettent au
port de l'arme ».

Cette manière de rendre les honneurs laisse à désirer à beaucoup d'égards.

En premier lieu, la position de l'arme sur l'épaule droite est
difficile à réaliser avec la correction désirable.

En second lieu, il est nécessaire que, à l'idée élevée de l'honneur à rendre, corresponde un mouvement spécial de l'arme qui,
tout en étant d'une exécution simple et facile, favorise la fierté
de l'attitude.

Il importe cependant de ne pas introduire dans nos règlements
un nouveau mouvement de maniement d'armes qui aurait l'in-
convénient de compliquer l'instruction.

La position du premier mouvement de l'ARME SUR L'ÉPAULE
DROITE pour les militaires armés du fusil, et celle du premier
mouvement de REMETTEZ LE SABRE pour les militaires armés du
sabre ou de l'épée. satisfont aux conditions indiquées.

Dans un ordre d'idées analogue, il est désirable de donner
plus d'ampleur au mouvement du salut du sabre exécuté par
les officiers.

Enfin, il y a lieu de préciser plus complètement le cérémonial
suivant lequel les honneurs doivent être rendus au drapeau, afin
de donner à ces honneurs le caractère imposant qu'ils doivent
présenter.

En conséquence, j'ai décidé qu'à *partir du 1ᵉʳ janvier* 1912,
les modifications suivantes aux règlements en vigueur seront
appliquées *à titre d'essai*.

A. — DISPOSITIONS COMMUNES A TOUTES LES ARMES.

1° *Manière de rendre les honneurs.*

Pour rendre les honneurs, de pied ferme ou en marche, les
militaires armés du fusil, du sabre ou de l'épée, présentent

____

(1) **Voir page 211**, la circulaire du 23 juin 1920 au sujet de la manière
de rendre les honneurs.

l'arme dans les conditions indiquées ci-après (§ B, 1° ; § C, 1°, 2°, 3°); ceux armés de la lance se mettent au port de la lance.

2° *Application pratique.*

Dans tous les cas où il était prescrit aux milita'res isolés ou en troupe de placer l'arme sur l'épaule droite ou de se mettre au port du sabre pour rendre les honneurs ou les marques extérieures de respect, ces mouvements seront désormais remplacés par celui de : présenter l'arme ou le sabre.

3° *Salut du sabre.*

Etant au port du sabre, à six pas de la personne que l'on doit saluer, élever le sabre verticalement, le tranchant à gauche, la poignée vis-à-vis et à trente centimètres de l'épaule droite.

Etendre le bras verticalement de toute sa longueur.

Baisser la lame, le poignet en quarte.

Relever vivement le sabre, après avoir dépassé la personne que l'on a saluée.

Porter le sabre.

B. — DISPOSITIONS PARTICULIÈRES AUX ARMES A PIED.

1° *Présenter l'arme.*

Présentez = Arme.

Etant dans la position de l'ARME AU PIED, exécuter le premier mouvement de l'ARME SUR L'ÉPAULE.

Etant dans la position de l'ARME SUR L'ÉPAULE, de pied ferme ou en marche, exécuter le premier mouvement de REPOSER L'ARME.

Etant dans la position de PRÉSENTER ARME, le soldat est remis dans la position de l'ARME SUR L'ÉPAULE ou de l'ARME AU PIED, aux commandements de l'ARME SUR L'ÉPAULE DROITE OU REPOSEZ ARME.

2° *Honneurs au drapeau.*

(Les prescriptions concernant l'escorte du drapeau et sa marche jusqu'au logement du colonel sont maintenues.)

Dès que le drapeau paraît, le capitaine, placé devant le centre de la compagnie, face au drapeau, fait présenter l'arme, commande AU DRAPEAU et salue du sabre.

Les tambours et clairons battent et sonnent trois fois.

La musique joue le refrain de l'hymne national.

Le capitaine conserve le sabre abaissé jusqu'à ce que les tambours et clairons aient cessé de battre et de sonner.

Le capitaine fait mettre l'arme sur l'épaule; le drapeau et sa garde se portent entre la 2° et la 3° section; le lieutenant reprend sa place.

Le détachement est mis en marche au son de la musique et se rend au lieu de rassemblement. Il est arrêté face au centre du régiment et à environ cinquante pas. Les tambours, clairons et musique cessent de jouer.

Le colonel fait mettre la baïonnette au canon.

Le drapeau et les sous-officiers qui l'accompagnent se portent à dix pas en avant.

Le colonel fait présenter l'arme. Tous les regards se fixent sur le drapeau.

Le colonel se porte à environ dix pas du drapeau, commande AU DRAPEAU et salue du sabre.

Les tambours et clairons battent et sonnent trois reprises, la musique joue le refrain de l'hymne national.

Le colonel conserve le sabre abaissé jusqu'à ce que la musique ait cessé de jouer.

Il fait ensuite reposer les armes et remettre la baïonnette. Le porte-drapeau va prendre sa place, les deux sous-officiers rejoignent leur compagnie et le détachement va prendre sa place en passant derrière le régiment.

Le drapeau est reconduit au logement du colonel dans l'ordre prescrit ci-dessus et reçoit les mêmes honneurs. Le détachement rentre ensuite au quartier sans bruit de caisse ni de musique.

C. — DISPOSITIONS PARTICULIÈRES AUX ARMES MONTÉES.

1° Maniement de la carabine et du mousqueton.

Présentez = ARME :

Mêmes dispositions que pour les armes à pied.

2° Maniement du sabre, à pied.

PRÉSENTER LE SABRE :

(Le cavalier étant au port du sabre.)

Présentez = SABRE :

Exécuter le premier mouvement de REMETTRE LE SABRE.

Etant dans la position de *Présentez* = SABRE, le cavalier revient à la position de *Portez* = SABRE, au commandement de *Portez* = SABRE.

3° *Maniement du sabre à cheval.*

Présentez = Sabre :

Ayant déjà le sabre à la main, exécuter le premier mouvement de REMETTRE LE SABRE.

Étant dans la position de *Présentez* = Sabre, le cavalier revient à la position de SABRE À LA MAIN, au commandement de *Portez* = Sabre.

4° *Réception de l'étendard.*

Dès que l'étendard paraît, le capitaine, placé devant le centre de l'escorte, face à l'étendard, fait présenter le sabre, commande A L'ÉTENDARD et salue du sabre; les trompettes sonnent trois reprises.

Le capitaine conserve le sabre abaissé jusqu'à ce que les trompettes aient fini de sonner.

Il fait porter le sabre; l'étendard et sa garde prennent leur place.

Le capitaine fait rompre l'escorte et la remet en marche dans l'ordre où elle est venue; les trompettes sonnent la marche.

Lorsque l'étendard arrive devant le régiment, le colonel fait mettre le sabre à la main; les trompettes cessent de sonner et vont prendre, ainsi que l'escorte, leur place de bataille, en passant derrière le régiment.

Le porte-étendard, accompagné de deux maréchaux des logis, se dirige vers le centre du régiment et s'arrête devant le colonel, faisant face au régiment; le colonel fait alors présenter le sabre, commande A L'ÉTENDARD et salue du sabre.

Il conserve le sabre abaissé jusqu'à ce que les trompettes aient fini de sonner.

Il fait ensuite porter le sabre.

Le porte-étendard se rend à sa place de bataille.

L'étendard reçoit à son départ les mêmes honneurs qu'à son arrivée et il est reconduit au logement du colonel dans l'ordre prescrit ci-dessus.

A pied, l'escorte est composée de la même manière et l'étendard reçoit les mêmes honneurs.

Lorsque les cavaliers sont armés de la carabine, ils présentent l'arme.

Dans les régiments armés de la lance, les honneurs à l'étendard sont rendus au port de la lance.

MESSIMY.

Arrêté portant modification à l'arrêté ministériel du 21 août 1907 relatif aux rangs des autorités et fonctionnaires relevant du Département de la guerre, dans les cérémonies publiques.

(Cabinet du Ministre; Bureau de la Correspondance générale.)

Paris, le 26 décembre 1911.

Le Ministre de la guerre,
Vu l'article 1er du décret du 16 juin 1907 relatif aux cérémonies publiques, préséances, honneurs civils et militaires;
Vu l'arrêté ministériel du 21 août 1907 relatif aux rangs des autorités et fonctionnaires relevant du Département de la guerre, dans les cérémonies publiques,

Arrête :

Article unique. Parmi les délégations énumérées à l'arrêté du 21 août 1907, les directeur et sous-directeur du service géographique de l'armée, ainsi que les députations d'officiers supérieurs et assimilés de ce service, prendront rang immédiatement après les députations des directions du ministère de la guerre et avant celles des comités et sections techniques.

MESSIMY.

Circulaire relative aux règles à suivre pour la convocation des différentes autorités à la revue du 14 juillet.

(Cabinet du Ministre; Bureau de la Correspondance générale.)

Paris, le 22 juin 1912.

Il a été rendu compte au Ministre que des divergences de vues s'étaient produites l'an dernier dans quelques corps d'armée au sujet des règles à suivre pour la convocation des différentes autorités à la revue du 14 juillet.
Cela tient à ce que, en vertu d'une décision ministérielle (Guerre) du 5 juin 1895, reproduite au *Bulletin officiel* de 1908, l'autorité militaire est invitée à adresser à ces autorités les convocations d'usage, alors qu'aux termes d'une circulaire du ministère de l'intérieur en date du 9 juillet 1907, la revue étant considérée comme une cérémonie publique, les convocations doivent

être faites par l'autorité civile, lorsque l'autorité militaire lui a fait connaître l'heure et l'emplacement de la revue.

Après entente avec le ministère de l'intérieur, il a été décidé qu'il convenait d'organiser la revue du 14 juillet dans les conditions générales prévues par le décret du 16 juin 1907 sur les honneurs et préséances et précisées par la circulaire de l'intérieur susvisée.

En conséquence, les commandants d'armes des différentes garnisons où une revue est passée à l'occasion du 14 juillet se borneront désormais à faire connaître l'heure et le terrain choisis pour la revue à l'autorité civile qui adressera les convocations officielles d'usage, délivrera les invitations et fera procéder aux installations nécessaires, sans que le Département de la guerre ait aucune dépense à supporter de ce fait. Enfin le service d'ordre dans les enceintes de spectateurs sera assuré par l'autorité civile.

Si le terrain choisi pour la revue ne fait pas partie du domaine militaire, le commandant d'armes doit, au préalable, avoir demandé l'agrément du propriétaire dudit terrain (Etat, département, commune...). Mention de cet agrément sera faite à l'autorité civile chargée d'adresser les convocations (1).

Circulaire faisant connaître que les officiers de gendarmerie n'ont pas qualité pour passer la revue du 14 juillet.

Paris, le 18 juillet 1913.

A diverses reprises, des officiers de gendarmerie plus anciens de grade que le commandant d'armes de leur place ont estimé que le droit de passer la revue du 14 juillet leur appartenait.

La question doit être tranchée par la négative. La revue du 14 juillet constitue, en effet, une *cérémonie* à laquelle prennent part toutes les troupes de la garnison.

Elle relève donc du service de garnison, dont la direction appartient au commandant d'armes, fonctions que ne peuvent exercer les officiers de gendarmerie (art. 3 du décret du 7 octobre 1909 sur le service de place).

L'article 124 du même décret réserve les honneurs du défilé à certaines autorités limitativement désignées :

---

(1) Alinéa ajouté. (Circulaire du 8 juillet 1921, *B. O.*, p. 2352.)

« Le Président de la République...

« Les officiers supérieurs commandants d'armes... »

Le décret du 22 avril 1898 (*B. O.*, vol. 62, p. 80) dit :

« Le commandant supérieur de la défense, lorsqu'il est commandant d'armes, cède le commandement de toutes les troupes de la garnison à l'officier général le plus ancien en grade dans le grade le plus élevé pour certaines circonstances dont aucune ne concerne la défense de la place, en particulier lors de la fête nationale. »

En spécifiant que, dans un cas exceptionnel, la revue du 14 juillet n'est pas passée par le commandant d'armes, ce décret admet implicitement que, dans tous les autres cas, la revue doit être passée par lui.

D'ailleurs, l'article 45 du décret du 7 octobre 1909 sur le service de place règle les rapports des officiers de gendarmerie en résidence dans une place avec le commandant d'armes de ladite place, en attribuant à ce dernier un rôle de direction; il précise, d'autre part, que la gendarmerie *n'assiste aux revues passées par le commandant d'armes* que sur l'ordre du Ministre ou du général commandant le corps d'armée. Or, si l'on considère que l'article 3 du décret de 1909 pose en règle générale que, dans une garnison, le commandant d'armes est l'officier le plus ancien dans le grade le plus élevé, mais qu'il écarte formellement des fonctions de commandant d'armes les officiers de gendarmerie, on est conduit à reconnaître que les attributions du commandant d'armes demeurent entières, même lorsqu'il existe dans la garnison un officier de gendarmerie d'une ancienneté de grade supérieure à la sienne.

3° Maintien de l'ordre public.

Instruction relative à la participation de l'armée au maintien de l'ordre public.

(Cabinet du Ministre ; Bureau de la Correspondance générale.)

Paris, le 20 août 1907.

I.

PRINCIPES GÉNÉRAUX.

Art. 1er. Le maintien de l'ordre sur le territoire de la République incombe à l'autorité civile.

Il est assuré par la police, la gendarmerie et, subsidiairement, par les troupes de ligne (1).

L'autorité militaire ne peut agir qu'en vertu d'une réquisition de l'autorité civile (2).

II.

AUTORITÉS CIVILES QUI PEUVENT EXERCER LE DROIT DE RÉQUISITION.

Art. 2. Les autorités civiles qui sont en droit de faire des réquisitions de troupes de ligne sont :

Les préfets, les sous-préfets, les maires, les adjoints aux maires, les procureurs généraux près les cours d'appel, les procureurs de la République près les tribunaux de première instance et leurs substituts, les présidents de cours ou de tribunaux, les juges d'instruction, les juges de paix et les commissaires de police, les contrôleurs civils en Tunisie (3).

Art. 3. Les pouvoirs conférés par l'article précédent aux magistrats de l'ordre judiciaire civil s'appliquent aux magistrats

---

(1) Ces mots, dans le sens de la loi du 26 juillet-3 août 1791, d'où ils sont extraits, s'entendent des troupes de toutes armes.
(2) Art. 20 de la loi du 26 juillet-3 août 1791.
(3) Paragraphe complété. (Circ. du 12 décembre 1912, *B. O.*, p. 1870.)

de la justice militaire, présidents des conseils de guerre, commissaires du gouvernement, rapporteurs et officiers de police judiciaires dans l'exercice de leurs fonctions.

Dans les cas urgents, les officiers et commandants de brigades de gendarmerie peuvent requérir directement l'assistance de la troupe qui est tenue de leur prêter main-forte.

Art. 4. Les présidents du Sénat et de la Chambre des députés ont, au point de vue des réquisitions, des droits spéciaux résultant de l'article 5 de la loi du 22 juillet 1879, ainsi conçu :

« Les présidents du Sénat et de la Chambre des députés sont chargés de veiller à la sûreté intérieure et extérieure de l'Assemblée qu'ils président.

« A cet effet, ils ont le droit de requérir la force armée et toutes les autorités dont ils jugent le concours nécessaire.

« Les réquisitions peuvent être adressées directement à tous les officiers, commandants ou fonctionnaires, qui sont tenus d'y obtempérer immédiatement sous les peines portées par les lois.

« Les présidents du Sénat et de la Chambre des députés peuvent déléguer leur droit de réquisition aux questeurs ou à l'un d'eux. »

Art. 5. Les réquisitions ne peuvent être données et exécutées que dans la circonscription de celui qui les donne et de celui qui les exécute (1).

Art. 6. Quand l'autorité militaire ne peut satisfaire à la fois aux réquisitions de plusieurs autorités civiles, elle obéit à celle qui émane de l'autorité hiérarchiquement la plus élevée (2). Si ces autorités sont de même rang, elle obéit à la réquisition qui lui paraît présenter le plus grand caractère d'urgence.

III.

AUTORITÉS MILITAIRES SUSCEPTIBLES D'ÊTRE REQUISES.

Art. 7. Ces autorités sont :

Les chefs de poste et les commandants des gardes, piquets et patrouilles, dans les cas et conditions prévus par les articles 63 et 64 du décret du 4 octobre 1891 (3);

Les commandants d'armes, lorsque les troupes doivent agir sur place ou être employées dans un rayon maximum de 10 kilomètres de leur garnison ;

---

(1) Art. 19 de la loi du 26 juillet-3 août 1791.
(2) Art. 17 de la même loi.
(3) Actuellement par le décret du 7 octobre 1909 sur le service de place.

Les généraux de brigade et de division commandant les sub
divisions de région (1);

Les généraux commandant les régions ou les gouvernements
militaires de Paris et de Lyon ;

Et, dans les cas d'urgence, tous les autres commandants de la
force publique.

IV.

PRÉLIMINAIRES DE LA RÉQUISITION.

Art. 8. L'autorité civile est seule juge du moment où la force
armée doit être requise.

Toutefois, elle a le devoir, sauf impossibilité absolue, dès que
la tranquillité publique se trouve menacée, d'aviser de la situation, verbalement ou par écrit, par télégraphe ou téléphone,
l'autorité militaire susceptible d'être requise, de la tenir au courant des phases diverses que présentent les événements et de lui
fournir tous les éléments d'appréciation utiles pour que le secours qui sera requis puisse arriver en temps opportun et dans
les conditions jugées nécessaires par l'autorité requérante.

Art. 9. L'autorité militaire, à son tour, prépare les mesures
d'exécution qui sont la conséquence de ces communications, en
signalant, s'il y a lieu, à l'autorité requérante les difficultés d'ordre matériel qui paraîtraient s'opposer à la réalisation complète
de ces mesures.

Art. 10. Afin d'éviter tout retard ou confusion, l'autorité civile
ne fait connaître ses besoins qu'aux autorités militaires dénommées dans l'article 7. Elle ne doit s'adresser au Ministre de la
guerre ni directement ni par l'entremise du Ministre de l'intérieur.

Art. 11. Lorsque les autorités civiles et militaires jugent à pro-
pos de se réunir pour se concerter et qu'elles ne sont pas d'accord sur le lieu de réunion, elles se rencontrent de droit à
la mairie si la réquisition émane d'un magistrat municipal, et,
dans tous les autres cas (2), chez celui des représentants de
l'une ou de l'autre autorité dont le rang est le plus élevé dans
l'ordre des préséances.

---

(1) Art. 9 de la loi du 8-10 juillet 1791.
(2) Art. 17 de la loi du 26 juillet-3 août 1791.

V.

FORME ET ENVOI DE LA RÉQUISITION.

Art. 12. Toute réquisition doit, sous peine d'être annulée, être faite *par écrit*, datée et signée et rédigée dans la forme ci-après (1) :

AU NOM DU PEUPLE FRANÇAIS.

« Nous,   , requérons en vertu de la loi
M.   , commandant   , de prêter le
secours des troupes de ligne nécessaires pour
(indiquer d'une façon claire et précise l'objet de la réquisition et l'étendue de la zone dans laquelle la surveillance doit être exercée).

« Et pour la garantie dudit commandant, nous apposons notre signature.

« Fait à   , le   . »

(Signature.)

Art. 13. Si la réquisition, établie dans la forme ci-dessus, n'est pas remise en mains propres au représentant de l'autorité requise, elle peut lui être adressée sous pli postal ou par télégramme officiel.

Sous quelque forme qu'elle soit reçue, elle est exécutoire dès sa réception. Toutefois, lorsqu'elle est adressée par voie télégraphique, elle doit être suivie d'une confirmation écrite par le plus prochain courrier.

Le chef militaire qui, avant d'avoir reçu cette confirmation, procède à l'exécution de la réquisition, est couvert par la présente instruction qui lui tiendra lieu d'ordre écrit.

Art. 14. Indépendamment de la remise ou de l'envoi de la réquisition, l'autorité requérante peut adresser à l'autorité requise une communication écrite, télégraphique ou verbale, lui faisant connaître ses appréciations personnelles sur les dispositions à prendre, notamment sur les points suivants :
Moment le plus favorable pour l'arrivée des troupes ;
Points à occuper ;
Modes d'accès de la troupe à ces points ;
Conduite générale à tenir par la troupe à l'arrivée ;
Effectifs et nature des troupes à employer.

---

(1) Art. 22 de la loi du 26 juillet-3 août 1791.

VI.

OBLIGATIONS RESPECTIVES DE L'AUTORITÉ REQUÉRANTE ET DE L'AUTORITÉ REQUISE.

Art. 15. L'autorité requise fait connaître d'urgence et par la voie la plus rapide à l'autorité requérante la date et l'heure auxquelles lui sera parvenu, soit l'écrit, soit le télégramme qui aura porté la réquisition à sa connaissance.

Art. 16. Si la réquisition n'est pas faite dans les conditions indiquées aux articles 12 et 13, l'autorité militaire signale, par les voies les plus rapides, à l'autorité civile, l'irrégularité qu'elle contient et lui notifie l'impossibilité dans laquelle elle se trouve d'y obtempérer en l'état.

Art. 17. Si la réquisition est régulière en la forme, l'autorité militaire en assure l'exécution sans en discuter l'objet ni la teneur (1). Elle procède à cette exécution sans en référer à l'autorité qui lui est hiérarchiquement supérieure et immédiatement après réception de l'écrit ou du télégramme qui constate la réquisition.

Art. 18. Tant que dure l'effet de la réquisition, l'autorité militaire reste seule juge des moyens de son exécution (2). Il lui appartient notamment de fixer définitivement les effectifs et la nature des troupes à employer. Elle les détermine en tenant compte des ressources dont elle peut disposer dans l'étendue de son commandement et dans celle de la zone de renforcement qui lui est attribuée par le Ministre de la guerre.

Art. 19. Toutefois, l'autorité militaire, en vue de maintenir la continuité de son entente avec l'autorité civile, assure l'exécution de la réquisition dans les conditions suivantes :

Au cours de la période de préparation, elle tient le plus grand compte possible des avis qui ont pu lui être donnés par l'autorité civile dans la communication mentionnée à l'article 14.

Au cours de la période d'exécution, elle doit, à moins de cas de force majeure, consulter l'autorité civile sur la convenance et l'opportunité des moyens d'action qu'elle se propose d'employer (3).

---

(1) Art. 9 du titre III de la loi du 8-10 juillet 1791.

(2) Art. 17 du titre III de la loi du 8-10 juillet 1791 et art. 23 de la loi du 26 juillet-3 août 1791.

(3) Art. 9 du titre III de la loi du 8-10 juillet 1791 et art. 16 du même titre de la même loi.

Art. 20. De son côté, l'autorité civile doit transmettre à l'autorité militaire toutes les informations de nature à l'intéresser et se tenir constamment prête à répondre aux demandes d'avis qui peuvent lui être adressées.

Art. 21. Les représentants des autorités civiles et militaires, sur l'initiative de l'un d'eux, ont toujours la faculté de se réunir en vue de délibérer sur les difficultés qui peuvent se présenter en cours d'exécution (1).

D'une façon générale, il leur est expressément recommandé de se pénétrer constamment de cette pensée qu'ils ont pour devoir supérieur de s'unir et de s'aider en vue d'assurer le maintien de l'ordre public, et ne s'inspirer que des intérêts généraux dont la charge leur est confiée.

Art. 22. Dans tous les cas, soit que des circonstances imprévues viennent à modifier l'objet primitif de la réquisition, soit qu'un désaccord vienne à se produire sur son interprétation et sa portée, l'autorité requérante peut toujours substituer une réquisition nouvelle à la réquisition primitive.

VII.

DE L'USAGE DES ARMES.

Art. 23. Conformément à l'article 25 de la loi du 3 août 1791, les troupes requises font usage de leurs armes dans les cas suivants :

1° Si des violences ou voies de fait sont exercées contre elles ;

2° Si elles ne peuvent défendre autrement le terrain qu'elles occupent ou les postes dont elles sont chargées.

Dans tous les autres cas, elles ne peuvent agir que sur la réquisition de l'autorité civile.

En cas d'attroupement sur la voie publique, s'il n'y a pas d'officier civil sur les lieux, le commandant de la troupe doit aviser immédiatement l'officier civil le plus voisin, et l'on procède ensuite conformément à l'article 3 de la loi du 7 juin 1848, lequel est ainsi conçu :

« Lorsqu'un attroupement armé ou non armé se sera formé sur la voie publique, le maire ou l'un de ses adjoints, à leur défaut le commissaire de police ou tout autre agent ou dépositaire de la force publique et du pouvoir exécutif, portant l'écharpe tricolore, se rendra sur les lieux de l'attroupement.

---

(1) Art. 16 du titre III de la loi du 8-10 juillet 1791.

« Un roulement de tambour (1) annoncera l'arrivée du magistrat.

« Si l'attroupement est armé, le magistrat lui fera sommation de se dissoudre et de se retirer.

« Cette première sommation restant sans effet, une seconde sommation, précédée d'un roulement de tambour (1), sera faite par le magistrat.

« En cas de résistance, l'attroupement sera dissipé par la force.

« Si l'attroupement est sans armes, le magistrat, après le premier roulement de tambour (1), exhortera les citoyens à se disperser. S'ils ne se retirent pas, trois sommations seront successivement faites.

« En cas de résistance, l'attroupement sera dissipé par la force. »

Mais si la force armée en présence de l'attroupement se trouve dans l'un des deux premiers cas prévus par le présent article, elle fera usage de ses armes encore bien que les formes prescrites par l'article 3 de la loi du 7 juin 1848 n'aient pu être observées. Néanmoins le commandant de la troupe, lorsque la soudaineté de l'attaque ne lui en enlèvera pas les moyens, devra avertir les assaillants, soit par un ou plusieurs roulements de tambour, soit par une ou plusieurs sonneries de « garde à vous », soit par des avis répétés à haute voix, que l'emploi des armes va être ordonné.

Avant d'agir il laissera s'écouler autant de temps que le permettra la sécurité de sa troupe ou la conservation des postes confiés à son honneur militaire.

VIII.

FIN DE LA RÉQUISITION.

Art. 24. Le concours des troupes ne prend fin que lorsque l'autorité requérante a notifié à l'autorité requise, par écrit ou par télégramme officiel, la levée de sa réquisition.

Lorsque sa mission est ainsi terminée, le commandant des troupes accuse réception à l'autorité requérante de la levée de sa réquisition et informe ses chefs hiérarchiques.

---

(1) Si la troupe n'a pas de tambour, le roulement de tambour peut être remplacé par une sonnerie de « garde à vous ».

IX.

SANCTIONS.

Art. 25. Les responsabilités des autorités des divers ordres dans les réquisitions sont définies par les articles suivants du Code pénal.

A. — Dispositions applicables aux autorités civiles qui adressent la réquisition.

« *Art. 114.* Lorsqu'un fonctionnaire public, un agent ou un préposé du gouvernement aura ordonné ou fait quelque acte arbitraire ou attentatoire soit à la liberté individuelle, soit aux droits civiques d'un ou de plusieurs citoyens, soit à la charte, il sera condamné à la dégradation civique.

« Si néanmoins il justifie qu'il a agi par ordre de ses supérieurs pour des objets du ressort de ceux-ci, sur lesquels il leur était dû obéissance hiérarchique, il sera exempt de la peine, laquelle sera, dans ce cas, appliquée seulement aux supérieurs qui auront donné l'ordre. »

« *Art. 188.* Tout fonctionnaire public, agent ou préposé du gouvernement, de quelque état et grade qu'il soit, qui aura requis ou ordonné, fait requérir ou ordonner l'action ou l'emploi de la force publique contre l'exécution d'une loi ou contre la perception d'une contribution légale, ou contre l'exécution, soit d'une ordonnance ou mandat de justice, soit de tout ordre émané de l'autorité légitime, sera puni de la réclusion. »

« *Art. 189.* Si cette réquisition ou cet ordre ont été suivis de leur effet, la peine sera le maximum de la réclusion. »

« *Art. 190.* Les peines énoncées aux articles 188 et 189 ne cesseront d'être applicables aux fonctionnaires ou préposés qui auraient agi par ordre de leurs supérieurs, qu'autant que cet ordre aura été donné par ceux-ci pour des objets de leur ressort, et sur lesquels il leur est dû obéissance hiérarchique ; dans ce cas, les peines portées ci-dessus ne seront appliquées qu'aux supérieurs qui, les premiers, auront donné cet ordre. »

« *Art. 191.* Si, par suite desdits ordres ou réquisitions, il survient d'autres crimes punissables de peines plus fortes que celles exprimées aux articles 188 et 189, ces peines plus fortes seront appliquées aux fonctionnaires, agents ou préposés coupables d'avoir donné lesdits ordres ou fait lesdites réquisitions. »

B. — Disposions applicables aux autorités militaires qui assurent l'exécution de la réquisition.

« *Art.* 234. Tout commandant, tout officier ou sous-officier de la force publique qui, après en avoir été légalement requis par l'autorité civile, aura refusé de faire agir la force sous ses ordres, sera puni d'un emprisonnement d'un mois à trois mois, sans préjudice des réparations civiles qui pourraient être dues aux termes de l'article 10 du présent Code. »

L'article 234 du Code pénal s'applique aux autorités militaires qui ont été saisies directement d'une réquisition.

Quant à celles qui ont reçu d'une autorité militaire supérieure des ordres relatifs à l'exécution d'une réquisition et qui ne se sont pas conformées à ces ordres, elles sont passibles de l'article 218 du Code de justice militaire.

X.

RÉQUISITIONS INDIVIDUELLES.

Art. 26. En vertu de l'article 106 du Code d'instruction criminelle, tout dépositaire de la force publique, et par conséquent tout militaire est en état de réquisition légale et permanente, sans qu'il soit besoin d'une réquisition écrite de l'autorité civile, lorsqu'en cas de crimes ou de délits flagrants, il s'agit de s'assurer de la personne du prévenu.

En conséquence, et conformément à l'article 108 du décret du 4 octobre 1891 (1), tout militaire en uniforme doit prêter spontanément main-forte, même au péril de sa vie, à la gendarmerie, ainsi qu'aux autres agents de l'autorité, lorsque ceux-ci sont en uniforme ou revêtus de leurs insignes.

En outre, s'il n'y a pas d'officier de police présent sur les lieux, tout militaire doit se saisir du malfaiteur et le remettre à la gendarmerie ou à l'autorité de police la plus voisine.

XI.

DISPOSITIONS GÉNÉRALES.

Art. 27. Sont abrogées toutes les instructions et circulaires

______
(1) Article 73 du décret du 7 octobre 1909.

contraires à la présente instruction, notamment l'instruction du 24 juin 1903, sauf les articles 16 à 19 de cette dernière instruction (1).

Le Président du Conseil,
Ministre de l'intérieur,
G. CLEMENCEAU.

Le Garde des sceaux,
Ministre de la justice,
ED. GUYOT-DESSAIGNE.

Le Ministre de la guerre,
G. PICQUART.

---

(1)   *Recommandations spéciales.*

Art. 16. — Conformément à l'article 18 du decret du 4 octobre 1891 (1), des instructions écrites, préparées par les commandants d'armes et approuvées par le commandant de la région, doivent être données à l'avance, dans chaque place, en prévision des réquisitions de l'autorité civile pour le cas de troubles intérieurs.

Des plans d'ensemble peuvent être aussi préparés par les commandants des régions, avec l'approbation du Ministre, ou peuvent être prescrits par le Ministre de la guerre, s'il y a lieu, après accord avec les autres Ministres intéressés, en vue de certaines éventualités d'un caractère général ou d'une gravité particulière.

Art. 17. — En dehors des cas où la réquisition peut être exécutée par la simple mise en jeu des mesures préparées à l'avance, l'autorité militaire, saisie d'une réquisition, doit choisir les troupes à y employer parmi celles qui conviennent le mieux à son objet.

S'il s'agit d'une émeute, il sera généralement préférable de faire intervenir la cavalerie et l'on devra tout au moins faire appuyer l'infanterie par quelques troupes à cheval (cavalerie, gendarmerie, ou, à défaut, artillerie).

S'il y a des obstacles matériels à briser, des ouvriers d'art des corps ou des détachements du génie ou d'artillerie seront adjoints aux troupes : même dans certains cas, des soldats sans fusil, mais néanmoins toujours munis de leur épée-baïonnette, pourront être commandés pour marcher en seconde ligne.

On évitera toujours de placer de faibles effectifs en présence d'agglomérations nombreuses.

Toute troupe appelée à marcher pour une réquisition doit être pourvue d'un tambour ou d'un clairon; les cartouches sont emportées, à moins d'ordre contraire donné par l'autorité militaire qui a reçu la réquisition.

Art. 18. — En principe, tout détachement de troupe, désigné pour l'exécution d'une réquisition, doit être commandé par un officier.

Tout officier désigné pour ce service doit, aux qualités d'énergie et de sang-froid indispensables à l'emploi d'une troupe dans ces circonstances délicates, joindre le tact nécessaire dans les rapports avec les autorités civiles, et doit veiller avec soin à ce qu'il ne soit porté aucune atteinte à la dignité en même temps qu'au prestige de la force armée dont il a la direction.

Art. 19. — Dans l'exécution des réquisitions, les troupes requises doi-

---

(1) Actuellement : art. 6 et 77 du décret du 7 octobre 1919.

*Circulaire pour l'application de l'instruction du 20 août 1907,
relative à la participation de l'armée au maintien de l'ordre
public.*

Paris, le 31 août 1907.

Le Ministre de la guerre à MM. les Gouverneurs militaires de Paris
et de Lyon; les Généraux commandant les corps d'armée de 1 à 13 et
de 15 à 20.

Une instruction, en date du 20 août 1907, sur la participation
de l'armée au maintien de l'ordre public, sanctionnée par les
Ministres de l'intérieur, de la justice et de la guerre, est insérée
au *Journal officiel* de ce jour.

Cette instruction, qui abroge les prescriptions antérieures en
la matière et notamment l'instruction du 24 juin 1903, réglera
désormais les rapports entre les autorités civiles et militaires,
pour tout ce qui concerne la réquisition de la force armée.

J'ai l'honneur d'appeler tout particulièrement votre attention
sur les articles 1, 8, 9, 13, 14, 16, 17, 18, 19, 21, 22 et 24
de l'instruction précitée.

Art. 1er. *Cet article pose le principe de la responsabilité de
l'autorité civile en ce qui concerne le maintien de l'ordre et
l'exécution des lois.*

L'autorité civile et plus particulièrement l'autorité administrative, en contact permanent avec les populations et leurs man-
dataires élus, connaissant leurs tendances, tenue au courant de
leur état d'esprit, jugeant sur place des nécessités d'une situation, est nettement qualifiée pour déterminer soit de sa propre

---

vent avoir pour règle de se renfermer exactement dans le mandat tracé
par la réquisition et d'agir ouvertement, comme il convient à leur caractère.

Le commandant des troupes doit éviter, autant que possible, tout contact des troupes avec la population.

Il ne doit accepter que des cantonnements suffisamment resserrés et à
l'abri d'une surprise. Il doit interdire aux militaires de tout grade l'entrée
des lieux publics fréquentés par les perturbateurs ou les manifestants,
ainsi que toute acceptation d'invitation chez les habitants.

Lorsqu'un conflit est à prévoir, il est indispensable qu'un représentant
de l'autorité civile se trouve avec la troupe pour procéder aux arrestations et pour faire, s'il y a lieu, les sommations prescrites par la loi.

A défaut de représentants de l'autorité civile, les troupes doivent être
assistées de la gendarmerie, pour que celle-ci procède aux arrestations,
mais la gendarmerie n'ayant pas qualité pour faire, le cas échéant, les
sommations légales, le commandant de la troupe ne doit pas appliquer
l'article 3 de la loi du 7 juin 1848, sans la présence d'un magistrat civil.

initiative, soit d'après les instructions du Ministre de l'intérieur, les moyens les plus convenables à employer pour garantir la sécurité des citoyens et assurer le respect des lois.

Comme conséquence, cette autorité doit pouvoir non seulement user des droits que lui confèrent les lois des 10 juillet et 3 août 1791 en matière de réquisition de la force armée, *mais il doit lui être possible d'intervenir par une entente étroite avec l'autorité militaire et, au besoin, par l'usage de réquisitions nouvelles, dans la direction générale à donner à cette force afin de faire converger les efforts de tous vers le but qu'elle a mission de remplir.*

Telle est la pensée directrice de l'instruction du 20 août 1907.

Art. 8 et 9. Dès que des troubles éclatent dans une localité ou dans une région, l'autorité civile doit se mettre en communication avec l'autorité militaire et la tenir au courant de la situation. De son côté, l'autorité militaire doit ne pas hésiter à provoquer elle-même cet échange de vues afin d'être toujours prête à tout événement. Le concours absolu que doivent se prêter les deux autorités est la condition nécessaire de la rapidité d'exécution d'une réquisition.

Art. 13. L'instruction innove en matière d'envoi de réquisition sous forme *télégraphique exécutoire sans attendre la confirmation écrite.*

Art. 14. L'exposé des appréciations personnelles de l'autorité requérante sur les dispositions à prendre, qui *peut* être joint à la réquisition, est également une amélioration apportée aux errements anciens, et apparaît comme une conséquence de la responsabilité de l'autorité civile.

Art. 16. La réception d'une réquisition irrégulière ne doit pas empêcher l'autorité militaire de *préparer* l'exécution de cette réquisition; mais elle ne l'exécute que lorsque l'autorité civile, informée de l'irrégularité, a fait disparaître cette dernière.

Art. 17. Les autorités visées à l'article 7 ne doivent pas perdre de vue qu'elles ont une responsabilité personnelle; elles doivent, par suite, exécuter les réquisitions qu'elles reçoivent, dans la limite de leurs attributions propres, sans se croire tenues d'en référer à leurs supérieurs hiérarchiques pour obtenir *une autorisation d'exécution.*

Art. 18. La question de la fixation des effectifs à employer au maintien de l'ordre est une prérogative *exclusive* de l'autorité militaire. En raison des difficultés de l'instruction et des obligations de tous ordres auxquelles l'armée a à satisfaire, il y a lieu d'examiner avec soin, dans chaque cas particulier, les moyens les plus convenables à employer pour n'utiliser la troupe qu'avec la plus grande parcimonie.

Les appréciations de l'autorité requérante, aussi bien sur les armes à employer que sur les effectifs, ne sauraient engager en rien l'autorité requise. C'est surtout par une habile disposition des forces, par l'emploi de réserves, par un service de renseignements bien fait et par des communications rapides entre les différents points du territoire troublé permettant de porter son effort tantôt d'un côté, tantôt de l'autre, qu'on arrivera la plupart du temps à éviter des agglomérations de troupes hors de proportion avec le but à atteindre.

Les autorités militaires ne devront pas oublier qu'en raison de l'intérêt général de l'armée, elles ne disposeront, en principe, que des troupes sous leurs ordres et de celles que je pourrai mettre à leur disposition à titre de renforcement, dans les conditions que je vous ferai connaître ultérieurement.

Art. 19. Dans la période de préparation, qui s'étend entre le moment où les troubles éclatent et celui où la troupe quitte la caserne ou la garnison après réquisition, l'autorité requise doit donner aux appréciations de l'autorité civile, formulées en vertu de l'article 14, une satisfaction d'autant plus complète que cette autorité, étant sur les lieux, est plus à même qu'elle de se rendre compte des premiers besoins à satisfaire.

Si l'autorité requérante ne joint pas à la réquisition l'exposé de ses appréciations, l'autorité militaire doit en provoquer l'envoi et agir au besoin sous sa responsabilité, en s'inspirant des circonstances et du but à atteindre.

Dans la période d'exécution, qui comprend tout le temps où la troupe se trouve sur le territoire troublé, le concours entre les autorités civiles et militaires doit être plus étroit que jamais. La troupe ne doit jamais être mise *à la disposition* de l'autorité civile, mais son action doit être concertée entre le commandant des troupes et l'autorité civile ou ses représentants, par la raison qu'elle doit souvent être subordonnée à l'état d'esprit des populations ou à certaines autres considérations que l'autorité civile est plus à même d'apprécier, considérations qui découleront souvent de ses renseignements personnels ou des ordres ou directives qu'elle peut recevoir du gouvernement.

Art. 21. Je ne saurais trop insister sur les prescriptions de cet article. Il faut qu'à tous les degrés de la hiérarchie, chacun s'inspire du but à atteindre et qu'il y contribue de toutes ses forces en mettant de côté toute question d'amour-propre qui ne saurait trouver place dans l'exécution d'un devoir souvent pénible à remplir pour tous.

Art. 22. Cet article est la conséquence des principes exposés par l'article 1er. Il rappelle l'exercice du droit que l'autorité civile tient de la loi de 1791 et permet ainsi à l'autorité militaire quelle qu'elle soit, couverte par une réquisition nette et précise visant un objet déterminé, de dégager sa responsabilité.

Art. 24. Lorsque l'autorité civile a levé la réquisition, il appartient à l'autorité militaire, exclusivement, d'assurer la dislocation des troupes réunies pour le maintien de l'ordre, dans les conditions déterminées par les règlements en vigueur.

J'attache le plus grand prix à ce que l'instruction du 20 août 1907 et les indications qui précèdent, qui sont de nature à en préciser la portée, soient connues des officiers à tous les degrés de la hiérarchie.

Les généraux et chefs de corps devront s'assurer de l'exécution de cette prescription à laquelle vous voudrez bien veiller personnellement.

Nota. — La franchise télégraphique réciproque relative aux communications ayant pour objet la participation de l'armée au maintien de l'ordre et à l'exécution des lois, est accordée aux autorités désignées ci-après :

Préfets.
Sous-préfets.
Maires.
Adjoints au maire.
Procureurs généraux.
Procureurs de la République et leurs substituts.
Présidents de cours et de tribunaux.
Juges d'instruction.
Juges de paix.
Commissaires de police.

Commandants d'armes des villes de garnison.
Généraux de brigade et de division commandant les subdivisions de région.
Généraux commandant les corps d'armée.
Gouverneurs militaires de Paris et de Lyon.
Chefs de poste.
Commandants de gardes.
Commandants de force publique.

(Arrêté du Ministre des travaux publics, des postes et des télégraphes, en date du 20 juillet 1907.)

4° **Objets divers.**

---

*Circulaire relative aux mesures de sécurité et de surveillance
pour la garde des magasins à poudre.*

(3ᵉ Direction; 2ᵉ Bureau, 5ᵉ section.)

Paris, le 20 mai 1898.

Le Ministre de la guerre à MM. les Gouverneurs militaires de Paris et
de Lyon; les Généraux commandant les corps d'armée; le Général commandant la division d'occupation de Tunisie.

Par ma circulaire du 16 mars 1898 je vous ai fait connaître
que la délivrance de cartouches libres aux postes devait être
limitée à ceux reconnus réellement dangereux par suite de leur
isolement ou de la nature du dépôt confié à leur garde.

J'ai l'honneur d'appeler d'une façon toute spéciale votre attention sur les mesures de sécurité à prendre pour la garde des
magasins à poudre, en raison des tentatives malveillantes assez
fréquemment exercées contre ces magasins.

Il importe que, dans le cas où les factionnaires chargés de
veiller sur les magasins à poudre n'auraient pas reçu de cartouches, et où, par suite, les malfaiteurs n'auraient pas à re-
douter un coup de feu, des dispositions très sévères soient, tout
au moins, prises pour rendre une répression immédiate aussi
probable que possible, et retenir ainsi les gens malintentionnés
par la crainte continuelle d'une arrestation sans délai.

Les commandants d'armes devront, en conséquence, après
s'être concertés avec l'autorité civile, conformément à l'article
166 du décret du 4 octobre 1891 (1), portant règlement sur le service dans les places de guerre et les villes ouvertes, ordonner
l'arrestation, sans aucune hésitation, de tout individu suspect
qui rôderait autour d'un magasin à poudre.

Des communications spéciales et rapides doivent d'ailleurs
être assurées entre les sentinelles des magasins à poudre et le
poste correspondant, toutes les fois que le cri « A la garde »,
poussé par les sentinelles, ne pourrait pas être entendu très
facilement et directement du poste.

Dans cet ordre d'idées, vous voudrez bien inviter, en particulier, s'il y a lieu, les directeurs des établissements d'artillerie

---

(1) Actuellement décret du 7 octobre 1909.

sous vos ordres à m'adresser des propositions pour l'installation, partout où le besoin s'en fera sentir, des sonneries d'avertissement qui font l'objet de la circulaire ministérielle n° 1-1 du 3 juin 1895 (3ᵉ et 4ᵉ Directions).

Circulaire relative aux promenades isolées des chevaux d'officiers montés par des ordonnances.

(Cabinet du Ministre: Correspondance générale.)

Paris, le 25 mai 1898.

Le Ministre de la guerre à MM. les Gouverneurs militaires de Paris et de Lyon; les Généraux commandant les corps d'armée; le Général commandant la division d'occupation de Tunisie.

Mon attention a été appelée sur les inconvénients, même les dangers, que présentent les promenades isolées de chevaux d'officiers, montés par des ordonnances. Depuis quelque temps, elles ont occasionné d'assez nombreux accidents, qui non seulement ont eu des conséquences graves pour les victimes ou pour les cavaliers eux-mêmes, mais encore ont entraîné des indemnités onéreuses pour le Trésor.

Les conditions dans lesquelles ces promenades se font actuellement dans beaucoup de places sont contraires au principe d'une bonne discipline et défectueuses au point de vue du bon entretien des chevaux. Il importe, en vue de remédier à cette situation, d'assujettir les promenades isolées à des règles telles que la surveillance en soit assurée dans toutes les circonstances.

J'ai, en conséquence, décidé ce qui suit :

Dans chaque place ou ville de garnison, le commandant d'armes déterminera avec soin un ou plusieurs itinéraires, le long desquels il fera assurer une surveillance attentive, le matin et le soir, à des heures appropriées suivant les saisons, dans des conditions de temps aussi larges que possible.

C'est sur ces itinéraires, et dans les limites de temps fixées par le commandant d'armes, que tous les chevaux d'officiers, montés isolément par des ordonnances, devront être promenés, suivant les ordres de détail donnés par leurs officiers.

Les allures seront le pas ou le trot réglementaire, sauf dans les traversées de localités habitées, qui se feront toujours au pas.

Il n'est d'ailleurs rien changé aux prescriptions qui régissent

actuellement les promenades de chevaux dirigées par des gra
dés. Toutefois, afin de diminuer le nombre des sorties isolées,
les officiers seront invités à envoyer les chevaux qu'ils ne mon-
teraient pas aux promenades organisées dans les corps auxquels comptent ces derniers; les chefs de corps donneront les
ordres nécessaires à cet effet.

Dans le même ordre d'idées, les facilités les plus grandes
seront accordées aux officiers sans troupe pour faire travailler
leurs chevaux dans l'intérieur des quartiers, sur les carrières,
pistes et ronds de voltige, ainsi que sur les terrains de manœuvres, sans qu'il puisse, toutefois, résulter de ce chef une gêne
quelconque pour l'instruction.

Il résulte de cet ensemble de prescriptions que c'est aux
commandants d'armes mêmes qu'il appartiendra de chercher,
grâce à la surveillance prescrite, à supprimer, dans la mesure
du possible, les accidents et les abus.

J'ai l'honneur de vous prier de vouloir bien porter cette circulaire à la connaissance des autorités militaires intéressées placées sous votre commandement et donner les ordres nécessaires
pour que, dans chaque garnison, les dispositions qu'elle renferme soient l'objet d'une surveillance particulière.

---

*Circulaire autorisant l'insertion au Bulletin officiel du minis-
tère de la guerre de la circulaire du 19 août 1834 relative
aux militaires qui sont mis en subsistance.*

(Cabinet du Ministre; Bureau de la Correspondance générale.)

Paris, le 18 août 1906.

Le Ministre autorise l'insertion au *Bulletin officiel* de la circulaire ministérielle du 19 août 1834 reproduite ci-après, savoir :

Circulaire relative aux militaires qui sont mis en subsistance (1).

Paris, le 19 août 1834.

J'ai eu lieu de remarquer, en diverses circonstances, sur les
états de situation d'effectif qui me sont adressés le premier de
chaque mois, par tous les corps d'infanterie et de cavalerie,
qu'un certain nombre de militaires s'y trouvent en subsistance,
sans que rien fasse connaître les motifs qui les y ont fait admettre et les ordres en vertu desquels ils ont été admis.

---

(1) Mise à jour par l'incorporation dans le texte des dispositions de
la note ministérielle du 24 octobre 1887 et de la circulaire du 14 août 1906.

De là quelques abus qui proviennent de ce qu'aucune disposition réglementaire n'a déterminé, d'une manière précise, les différents cas qui permettent la mise en subsistance des militaires isolés, ni l'autorité à laquelle est réservé le droit de prononcer cette mise en subsistance. Pour remédier à ces abus, en prévenir le retour et faire disparaître l'espèce de lacune qui existe, à cet égard, dans les règlements, j'ai décidé que désormais les commandants d'armes (1), quel que soit leur grade, prononceront sur la mise en subsistance des sous-officiers, caporaux ou brigadiers et soldats qui se trouveront dans les positions indiquées ci-après, ou dans des cas analogues :

1° Des militaires appelés en témoignage ;

2° *Idem* qui ont été chargés de conduire des détachements, lorsqu'ils ne peuvent pas repartir immédiatement ;

3° *Idem* qui ne peuvent suivre ou rejoindre leur corps, sans cependant que leur état de maladie ou d'infirmités nécessite leur entrée dans un hôpital ;

4° *Idem* dont le congé est sur le point d'expirer, et dont le corps fait ou va faire un mouvement qui l'amène à proximité des lieux où ces militaires se trouvent ;

5° *Idem* destinés à embarquer, mais sont obligés d'attendre, quelquefois pendant une huitaine de jours et plus, le moment de leur embarquement ;

6° *Idem* laissés en route pour soigner des chevaux malades.

Telles sont les principales positions qui peuvent motiver la mise en subsistance ; on ne saurait les prévoir toutes. MM. les généraux (2) sont autorisés en conséquence à user, pour les positions analogues, de la faculté qui leur est accordée ; mais ils doivent, dans tous les cas, faire connaître aux corps qui recevront l'ordre d'admettre des militaires en subsistance, les motifs de cette admission, attendu que ces corps sont tenus d'indiquer maintenant sur l'état de situation au 1er du mois qui suivra la mise en subsistance : 1° le corps auquel ces militaires appartiennent ; 2° la date et les motifs de l'admission ; 3° enfin, l'ordre en vertu duquel cette admission aura eu lieu.

Ces mêmes indications seront reproduites sur les états de situation, tant que les hommes dont il s'agit n'auront pas reçu une autre destination.

Les commandants d'armes doivent également veiller à ce que les mises en subsistance soient toujours notifiées aux corps d'affectation des subsistants (3).

Je vous recommande d'assurer l'exécution ponctuelle de ces dispositions dans l'étendue de votre commandement.

---

(1) Note ministérielle du 24 octobre 1887.
(2) Commandant d'armes.
(3) Circulaire du 14 août 1906.

Circulaire relative aux précautions à prendre, dans les services de garde, pour éviter les départs accidentels de cartouches.

(Directions de l'Artillerie, de l'Infanterie, de la Cavalerie et du Génie ; Bureaux du Personnel de l'Artillerie.)

Paris, le 28 juin 1909.

Il a été signalé qu'un certain nombre de départs accidentels de cartouches se sont produits pendant les services de garde assurés par des militaires de l'artillerie ou du train des équipages militaires armés du mousqueton ou de la carabine.

Ces départs accidentels, qui peuvent occasionner des accidents graves, semblent devoir être attribués, d'une part, à ce que les hommes de garde introduisent parfois, par inadvertance, une cartouche dans la chambre, d'autre part, à ce qu'ils ne prennent pas la précaution de désarmer leur arme après l'avoir *approvisionnée.*

En vue d'éviter le retour de ces faits, la règle suivante sera appliquée, à l'avenir, pour toutes les troupes armées du mousqueton ou de la carabine.

« Dans les services de garde où les armes doivent être approvisionnées, les chefs de poste vérifient eux-mêmes que les mousquetons et carabines sont approvisionnés sans introduction de cartouches dans la chambre, et ensuite désarmés. »

Les gouverneurs militaires de Paris et de Lyon, les généraux commandant les corps d'armée, le général commandant la division d'occupation de Tunisie prendront, chacun en ce qui le concerne, les mesures nécessaires en vue d'assurer la stricte exécution de cette prescription.

Circulaire interprétative du décret du 7 octobre 1909 portant règlement sur le service de place.

(Cabinet du Ministre; Bureau de la Correspondance générale.)

Paris, le 17 juin 1910.

L'expression *tenue du jour*, employée dans le décret du 7 octobre 1909 sur le service de place, ayant été supprimée par le décret du 25 mai 1910 (1) portant règlement sur le service intérieur

---

(1) Décret remplacé par le décret du 25 août 1913 (vol. 78).

Expression « Tenue du jour », remplacée par « Tenue de ville ». Voir l'instruction du 20 juin 1923, volume 97, relative aux tenues des officiers.

des corps de troupe et remplacée par l'expression *tenue de sortie*, c'est dans ce dernier sens que doit être entendue l'expression *tenue du jour*, employée dans le premier des décrets susvisés.

Circulaire relative à l'entrée des inspecteurs des fraudes dans les bâtiments militaires.

(Cabinet du Ministre; Bureau de la Correspondance générale.)

Paris, le 24 janvier 1912.

Pour répondre au désir de M. le Ministre de l'agriculture, le Ministre a décidé que, par analogie avec les dispositions édictées par l'article 39 du décret du 7 octobre 1909 sur le service de place (voir page 99), pour les employés chargés de la perception des droits dont sont passibles les cantiniers établis dans les établissements militaires, les commandants d'armes devront veiller à ce que les inspecteurs du service des fraudes, chargés de procéder à la visite inopinée des cantines, ne soient pas entravés dans l'exercice de leurs fonctions, sous la seule réserve de justifier de leur qualité à leur entrée dans les bâtiments militaires.

Circulaire relative à l'exercice des fonctions de commandant d'armes délégué dans les villes de garnison chefs-lieux de région de corps d'armée.

Paris, le 30 janvier 1914.

La question a été posée de savoir si les fonctions de commandant d'armes délégué pouvaient être exercées, le cas échéant, aux chefs-lieux des régions de corps d'armée, par les généraux de division inspecteurs généraux des formations de réserve et des sociétés de préparation militaire.

Aux termes mêmes de l'article 3 du décret du 7 octobre 1909 sur le service de place, l'officier général qui, à défaut du général commandant le corps d'armée, doit exercer normalement les fonctions de commandant d'armes, est « l'officier de la garnison le plus ancien dans le grade le plus élevé ».

Si donc, cet officier le plus ancien est le général inspecteur des réserves, lui seul peut exercer les fonctions de délégué du commandant d'armes.

Seule, une modification au décret susvisé permettrait d'adopter une autre solution, et ce n'est qu'à la suite d'une expérience de quelque durée que la nécessité de dispositions nouvelles pourra apparaître.

Circulaire relative à la surveillance de la tenue des marins en dehors des ports de guerre (1).

Paris, le 14 février 1914.

En vue d'assurer la bonne tenue des marins en dehors des ports militaires et de réprimer les infractions dont ils sont susceptibles de se rendre coupables à cet égard, les dispositions suivantes ont été arrêtées de concert entre les Départements de la guerre et de la marine.

En dehors des ports de guerre, l'autorité militaire est chargée de relever les infractions à la tenue dont les marins pourraient se rendre coupables. Ces infractions, mentionnées sur un bulletin

---

(1) *Circulaire du 20 août 1910 relative à la tenue militaire dans les villes de l'intérieur pour les marins des équipages de la flotte*, notifiée le 3 septembre 1910. — Dans certaines circonstances que justifient les conditions climatériques, les commandants en chef peuvent, conformément à l'article 25 du décret du 13 mai 1902, autoriser le port d'un veston blanc en toile ou en coton avec insignes mobiles. De même, lorsque la tenue est en blanc (art. 28 du même décret), le port des chaussures en cuir blanc ou toile blanche est autorisé.

J'ai l'honneur de vous faire connaître qu'en dehors du bord ou hors des ports militaires ou des points de stationnement des bâtiments, ces tolérances ne doivent pas s'appliquer aux marins de tous grades du corps des équipages de la flotte et des personnels militaires sédentaires.

Pour les officiers mariniers, quartiers-maîtres et matelots et assimilés, la tenue réglementaire dans les villes de l'intérieur doit, suivant la saison et les circonstances atmosphériques, être tout en bleu ou comporter la casquette ou le béret avec coiffe blanche et le pantalon blanc.

En aucun cas, le port du veston blanc et des souliers blancs n'est autorisé.

Toute infraction à ces dispositions, qui sont portées à la connaissance de l'autorité militaire, sera réprimée disciplinairement.

Signé : DE LAPEYRÈRE.

Les autorités militaires sont priées d'assurer, en ce qui les concerne, l'exécution des dispositions prévues par la circulaire ci-dessus.

ad hoc, seront signalées par l'intermédiaire du général commandant la région au préfet maritime, commandant d'escadre, etc..., qui fera parvenir le bulletin en question au commandant du bâtiment ou service auquel appartient l'homme incriminé.

Cet officier infligera au marin signalé par sa mauvaise tenue une punition disciplinaire en rapport avec la gravité de l'infraction dont il s'est rendu coupable, tout en tenant compte de sa conduite habituelle.

Le gradé ou l'officier de l'armée qui aura signalé une infraction de ce genre sera informé, par l'intermédiaire du général commandant la région, qui en aura été avisé lui-même par les autorités maritimes intéressées, de la suite donnée à sa plainte.

Pour faciliter leur tâche, les autorités militaires seront incessamment pourvues d'un fascicule fournissant des renseignements généraux sur l'uniforme des marins et sur les infractions à la tenue dont ils se rendent le plus fréquemment coupables.

Circulaire relative à l'usage des armes par les sentinelles.

(État-Major de l'Armée; Bureau de l'Organisation et de la Mobilisation de l'Armée.)

N° 19477 1/11.   Paris, le 5 décembre 1919.

Le Président du Conseil, Ministre de la guerre, à MM. les Généraux gouverneurs militaires de Paris, Lyon, Metz et Strasbourg; les Généraux commandant les corps d'armée : 1er à 13e, 15e à 21e, D. O. T.

La question a été posée de savoir si, en dehors des cas prévus aux articles 26 (Cas de légitime défense), 34 (Cas d'alarme, de trouble ou d'attaque) et 35 (Sentinelles des postes placés aux prisons) du décret du 7 octobre 1909 sur le service de place, une sentinelle, même non directement menacée, pouvait faire usage de ses armes pour faire respecter sa consigne. Par exemple, une sentinelle, préposée à la garde d'un entrepôt ou d'un établissement, est-elle en droit de faire feu sur tout homme cherchant à franchir l'enceinte de cet entrepôt ou établissement malgré les injonctions à lui adressées?

Cette question doit être résolue par l'affirmative.

Les prescriptions des articles précités ne concernent, en effet, ainsi que le spécifie l'article 24 du décret, que des consignes générales, applicables à tous les postes et à toutes les sentinelles. Mais, en dehors de ces consignes générales, l'article précité prévoit que les différents postes reçoivent des consignes particulières résultant de leur situation spéciale et de l'objet en vue duquel ils sont établis.

Il appartient donc aux commandants d'armes, par application des articles 4 et 6 du décret, de régler, d'après les instructions des généraux commandant les régions, les conditions dans lesquelles les sentinelles, préposées à la garde d'entrepôts ou d'établissements particulièrement importants, pourront faire usage de leurs armes, en vue de réprimer efficacement toute tentative de vol, pillage ou destruction.

Il suffit, pour cela, que les consignes édictées soient suffisamment nettes pour éviter toute méprise ou tout usage des armes qui ne serait pas réellement justifié.

Ces consignes, conformément aux dispositions de l'article 6 du décret, devront être soumises à l'approbation des commandants de régions. Mais il y aura lieu d'inviter les commandants d'armes à donner aux mesures de répression édictées par les consignes dont il s'agit une certaine publicité en vue de sauvegarder tant la personne des sentinelles que le matériel confié à leur garde.

Circulaire rappelant les prescriptions relatives à la surveillance de la tenue des marins en dehors des ports militaires.

(Cabinet du Ministre ; Bureau de la Correspondance générale.)

N° 00044 K.   Paris, le 20 janvier 1920.

Les prescriptions de la circulaire n° 2219 K du 14 février 1914 (voir p. 208), relative à la surveillance de la tenue des marins en dehors des ports militaires, sont fréquemment perdues de vue.

L'attention du commandement est à nouveau appelée sur ce point.

Il appartient aux commandants d'armes de donner aux services de place chargés de la surveillance de la tenue toutes instructions en vue de la stricte exécution des prescriptions de la circulaire du 14 février 1914.

Des fascicules contenant des renseignements généraux sur l'uniforme des marins et sur les infractions les plus fréquentes ont été mis à la disposition des différentes autorités militaires en 1914.

Au cas où ces fascicules feraient défaut, les demandes nécessaires devront être adressées à l'administration centrale sous le timbre de la présente circulaire.

Circulaire au sujet de la manière de rendre les honneurs.

(État-Major de l'Armée; Bureau des Écoles.)

N° 1995 10/11 B.   Paris, le 23 juin 1920.

Par circulaire 2561 3/11 en date du 31 mars 1920, je vous ai fait connaître la manière dont les honneurs devaient être rendus par les militaires, isolés ou en troupe, armés du fusil, du mousqueton ou de la carabine.

Les prescriptions de cette circulaire ne sont applicables que pour les honneurs rendus de pied ferme.

En ce qui concerne les honneurs en marchant, il y aura lieu, à partir du 1er juillet 1920, de se conformer aux règles suivantes :

Pour rendre les honneurs en marchant et pour défiler, la troupe conserve ou place l'arme sur l'épaule droite (reste ou se met au port du sabre) en même temps qu'elle tourne la tête du côté de la personne à laquelle les honneurs sont rendus ou devant laquelle elle défile.

À cet effet, les chefs de section (de peloton ou de pièce), si l'on est formé ou si l'on défile en colonne par trois ou par quatre (ou dans toute autre formation analogue), commandent : « Tête droite » (« gauche »), de manière que le mouvement soit exécuté en arrivant à six pas de la personne à laquelle on rend les honneurs; si l'on est formé ou si l'on défile en colonne double ou ligne de sections par trois ou quatre (ou dans toute autre formation analogue), le commandement est fait par le commandant de compagnie (escadron ou batterie).

Après avoir dépassé de quelques pas la personne à laquelle les honneurs ont été rendus, la tête est replacée droite au commandement inverse.

Les mêmes règles sont applicables pour les honneurs à rendre en marchant par les isolés, armés du fusil, de la carabine ou du mousqueton.

Aucune modification n'est apportée aux prescriptions du service de place qui fixent, selon l'autorité à qui les honneurs sont rendus, les catégories d'officiers qui saluent du sabre ou de l'épée.

Les dispositions de la note n° 2979 du 5 avril 1917 du général commandant en chef les armées du Nord et du Nord-Est sont abrogées, ainsi que les dispositions, non conformes aux prescriptions ci-dessus, de la C. M. du 6 novembre 1911 (voir page 181).

Le Ministre de la guerre,

A. LEFÈVRE.

Circulaire relative à l'exemption éventuelle de l'exercice des fonctions de commandant d'armes.

(Cabinet du Ministre; Bureau de la Correspondance générale.)

N° 9259 K.   Paris, le 1ᵉʳ août 1921.

Dans certains cas, les fonctions de commandant d'armes, telles qu'elles sont définies par l'article 3 du décret du 7 octobre 1909, portant règlement sur le service de place (*Bulletin officiel*, édition méthodique, volume 75), ne peuvent être que très difficilement exercées par les officiers des catégories ci-après :

Officiers appartenant au service spécial du recrutement;

Commandants de circonscriptions et de dépôts de remonte;

Officiers employés au service des forges;

Chefs de circonscriptions du service automobile;

Officiers employés dans les services territoriaux du génie (directions, chefferies, directions de matériel, établissements centraux, organes d'études ou d'expériences).

La nécessité, pour chaque cas particulier, d'exempter des fonctions de commandant d'armes les officiers dont il s'agit, sera réservée à l'appréciation du commandant de région (ou à celle du Ministre, sur la proposition de cet officier général, pour les services dépendant directement du Ministre).

Les décisions individuelles d'exemption à intervenir seront prises sur la demande motivée des intéressés. Elles ne seront valables que pour une durée de six mois au maximum; à l'issue de cette période, elles pourront être renouvelées dans les mêmes conditions, s'il y a lieu.

Circulaire relative aux honneurs funèbres à rendre par les troupes, en application des articles 141 et 142 du décret du 7 octobre 1909 portant règlement sur le service de place.

(Cabinet du Ministre; Bureau de la Correspondance générale.)

N° 13382 K.   Paris, le 18 octobre 1921.

Dans certaines agglomérations très étendues, les honneurs funèbres, tels qu'ils sont définis par l'article 141 du décret du 7 octobre 1909, portant règlement sur le service de place (*Bulletin officiel*, édition méthodique, volume 75), entraînent, pour les troupes qui sont chargées de ce service, des déplacements considérables. Ceux-ci, en plus de la fatigue imposée, constituent une gêne sérieuse, en raison de la situation actuelle des effectifs (troupes cantonnées *extra-muros*, domicile du défunt éloigné du cimetière...).

A titre provisoire, et sauf le cas d'honneurs spéciaux ordonnés par le Ministre, les honneurs funèbres à rendre d'après l'article 141 seront réduits à ceux prévus par l'article 142 du même décret, dans les places qui seront désignées par les gouverneurs militaires ou commandants de région.

Circulaire relative aux conditions dans lesquelles les corps, formations et services de l'aéronautique militaire peuvent être appelés à concourir au service de garnison défini par le chapitre Ier du décret du 7 octobre 1909 portant règlement sur le service de place.

(Cabinet du Ministre; Bureau de la Correspondance générale.)

N° 14094 K.   Paris, le 2 novembre 1921.

A titre provisoire, en raison de la situation actuelle de leur effectif en spécialistes confirmés, les corps, formations ou services de l'aéronautique ne concourront que dans les conditions suivantes au service de garnison défini par le décret du 7 octobre 1909, portant règlement sur le service de place (*Bulletin officiel*, édition méthodique, volume 75).

I. — Services individuels.

Seront exempts des services individuels, — le service des députations excepté, — outre les officiers rentrant dans les catégories déterminées à l'article 19 du décret susvisé :

a) Les hommes de troupe titulaires du brevet de mécanicien d'aviation et occupant effectivement un emploi de leur spécialité;

b) Les hommes de troupe de l'aviation, des catégories suivantes : gradés mécaniciens, instructeurs du personnel navigant et du personnel non-navigant, radiotélégraphistes, pilotes convoyeurs ou réceptionnaires des établissements spéciaux, gradés titulaires d'un emploi de chef d'atelier ou de chef de section dans un atelier, chefs magasiniers, gradés du service de sécurité, sous-officiers contrôleurs de l'inspection technique de l'aéronautique;

c) Les hommes de troupe faisant partie d'un détachement de météorologie militaire.

Les commandants d'armes doivent tenir compte des exemptions précitées dans le calcul des effectifs des corps d'aviation appelés à concourir pour le service individuel.

II. — Services collectifs (1er et 2e tours).

Les régiments d'aviation, les unités d'ouvriers d'aviation ou d'aérostation, ou de défense contre aéronefs, seront en ce qui concerne la participation aux services collectifs (1er et 2e tours), assimilés aux compagnies et sections d'ouvriers d'artillerie (article 14 du décret du 7 octobre 1909), sous réserve qu'il ne sera fait appel aux formations d'aviation qu'en cas d'absolue nécessité. Les détachements de météorologie militaire seront exemptés de ces services.

III. — Prises d'armes.

Dans le cas de prises d'armes générales de garnison, les régiments d'aviation y participeront au même titre que les autres armes, soit avec des éléments tenant l'air, soit avec des unités évoluant à terre.

Dans le cas d'autres prises d'armes — pour entraver le moins possible l'instruction et l'entraînement aériens du personnel navigant, ainsi que le ravitaillement technique, — il y aura lieu d'observer les règles suivantes concernant la participation des formations d'aviation :

a) La formation d'aviation qui sera appelée à assurer les services aériens à l'occasion d'une prise d'armes ne fournira, en cette circonstance, aucune unité de manœuvre à pied;

b) La formation d'aviation, qui n'aura pas à assurer des services aériens à l'occasion d'une prise d'armes, pourra être appelée, dans des cas exceptionnels seulement, à fournir alors des unités de manœuvre à pied;

c) Si la prise d'armes ne comporte pas l'arrêt de toute instruction et de tout travail pour toutes les troupes de la garnison, les effectifs demandés, le cas échéant, aux formations d'aviation, devront être réduits le plus possible (exemple : maximum de quinze hommes par escadrille) et déterminés en tenant compte de l'intérêt majeur qu'il y a à ne pas interrompre le fonctionnement des services techniques de ces formations.

Les casernements des formations d'aviation étant généralement éloignés des villes de garnison, la distance qui les sépare de l'emplacement fixé pour le rassemblement des troupes qui participent à la prise d'armes devra également entrer en ligne de compte. Cette distance est susceptible, en effet, soit par la fatigue imposée aux éléments d'aviation, soit par la durée prolongée de leur absence, de diminuer le rendement de la formation intéressée.

En tout état de cause, c'est aux commandants de région qu'il appartiendra toujours de décider dans quelle mesure les formations d'aviation participeront aux prises d'armes.

IV. — Emplois en dehors du corps.

a) En raison des nécessités de leur instruction et de leur entraînement, les militaires faisant partie du personnel navigant ne pourront en aucun cas, être désignés pour occuper des « emplois » en dehors des formations et services de l'aéronautique;

b) Le nombre des militaires à fournir par des formations d'aviation pour être employés dans des services ou pour être détachés dans d'autres corps sera déterminé sur la base de l'effectif du personnel non spécialiste.

Dans le cas où l'emploi en dehors de la formation d'aviation aurait un caractère permanent (exemple : boulangers), les intéressés seront changés d'armes et remplacés, si possible, nombre pour nombre, dans la formation d'aviation qui les a fournis.

Circulaire relative à l'ordre de bataille pour la réunion des troupes de l'armée de terre, fixé par l'article 115 du décret du 7 octobre 1909 portant règlement sur le service de place.

(Cabinet du Ministre; Bureau de la Correspondance générale.)

N° 11243 K. Paris, le 22 juillet 1922.

A titre provisoire, et en raison de la composition actuelle de l'armée de terre, l'ordre de bataille pour les réunions des troupes de cette armée, fixé par l'article 115 du décret du 7 octobre 1909, portant règlement sur le service de place est remplacé par le suivant :

ARMÉE DE TERRE.

1° Troupes à pied et sans matériel.

Gendarmerie.
Garde républicaine.
Sapeurs-pompiers des communes.
Sapeurs-pompiers de la ville de Paris.
Douaniers.
Chasseurs forestiers.

Artillerie...
- Régiments d'artillerie.
- Détachements d'artillerie métropolitaine.
- Batteries et détachements d'artillerie des troupes coloniales.
- Bataillons d'ouvriers d'artillerie.
- Compagnie d'ouvriers de l'artillerie coloniale.

Génie......
- Sapeurs-mineurs.
- Sapeurs-cyclistes.
- Sapeurs de chemin de fer.
- Sapeurs-télégraphistes et radiotélégraphistes.
- Sapeurs-conducteurs.

Infanterie..
- Chasseurs cyclistes.
- Chasseurs à pied (1).
- Chars de combat.
- Zouaves.
- Infanterie métropolitaine.
- Infanterie coloniale (1).
- Infanterie légère d'Afrique.
- Officiers des sections spéciales.
- Tirailleurs algériens, tunisiens, marocains.
- Compagnies des Oasis sahariennes.

Cavalerie..
- Unités à pied, dans l'ordre fixé au paragraphe « Troupes à cheval ».
- Cavaliers de remonte.

Aéronautique.
- Régiments d'aviation et d'aérostation.
- Compagnies et sections d'ouvriers d'aviation, d'aérostation et de météorologie.

Train des équipages militaires.
Service militaire des chemins de fer.
Service de la télégraphie militaire de la deuxième ligne.
Service de la trésorerie et des postes.
Section de secrétaires d'état-major et du recrutement.
Section des commis et ouvriers militaires d'administration.
Section d'infirmiers militaires.

2° Troupes à bicyclettes.

Génie.
Chasseurs.

3° Troupes avec matériel hippomobile.

Artillerie métropolitaine.
Artillerie coloniale.
Génie.
Train des équipages militaires.
Section technique des chemins de fer de campagne.
Service de la télégraphie militaire de la deuxième ligne.
Service de la trésorerie et des postes.
Services des ambulances.

4° Troupes à cheval.

Gendarmerie.
Garde républicaine.

---

(1) Rectificatif du 28 septembre 1923 (B. O., p. 2950).

Cavalerie.. { Chasseurs d'Afrique.
Hussards.
Chasseurs.
Dragons.
Cuirassiers.
Spahis.

Artillerie à cheval.

5° Troupes avec matériel automobile.

Artillerie.
Infanterie : chars de combat.
Cavalerie : autos-mitrailleuses.
Aéronautique : aviation, aérostation.
Train des équipages militaires.

NOTA. — Les troupes indigènes des colonies se placent à la gauche des troupes de leur arme; les régiments et unités formant corps, composés d'étrangers au service de la France, se placent après les troupes indigènes de leur arme.

TABLES

TABLE MÉTHODIQUE

Ire PARTIE.

DISPOSITIONS GÉNÉRALES.

IIe PARTIE.

DISPOSITIONS DIVERSES.

1° *État de siège.*

2° *Honneurs et préséances.*

A. — DISPOSITIONS GÉNÉRALES.

B. — DISPOSITIONS DIVERSES.

TABLE CHRONOLOGIQUE

TABLE ALPHABÉTIQUE

A

C

E

F

G

H

CHARLES-LAVAUZELLE ET Cⁱᵉ — PARIS, LIMOGES, NANCY.